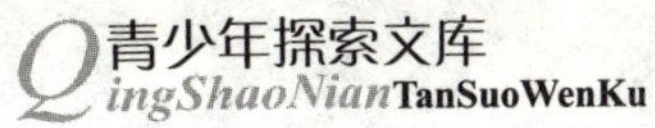

中国古代执法故事

隋蕾蕾　编

吉林人民出版社

图书在版编目（CIP）数据

中国古代执法故事 / 隋蕾蕾编. — 长春：吉林人民出版社, 2010.10（2021.3重印）
（青少年探索文库）
ISBN 978-7-206-07055-6

Ⅰ.①中… Ⅱ.①隋… Ⅲ.①法制史－中国－古代－青少年读物 Ⅳ.①D929.2-49

中国版本图书馆CIP数据核字(2010)第192083号

中国古代执法故事

编　　者：隋蕾蕾
责任编辑：孟广霞
吉林人民出版社出版（长春市人民大街 7548 号　邮政编码：130022）
印　　刷：三河市燕春印务有限公司
开　　本：700mm×970mm　　1/16
印　　张：13　　　　字数：110 千字
标准书号：ISBN 978-7-206-07055-6
版　　次：2010 年 10 月第 1 版　　印　　次：2021 年 3 月第 2 次印刷
定　　价：39.00 元

目　录

苏秦计捉刺客

故事发生在战国时代的齐国。

初夏某晚，苏秦正在书房里读书。忽然，从窗口闪进一个黑影，还没等苏秦叫出声来，一个蒙面人就已跃到眼前，扬起利剑直刺胸膛。苏秦惨叫一声“救命啊——”就跌倒在椅子上。顿时，苏秦的卫士从四面围了上来，刺客来不及补上一剑，慌忙返身跃出窗口。

苏秦遇刺，立即惊动了齐王。他闻报后，当即去看望苏秦。

要知道，苏秦是威震天下的著名人物。在战国时代，秦、齐、楚、燕、赵、韩、魏等七国称雄，而以秦国最为强大。洛阳学者苏秦曾到秦以外的六国去游说，倡议他们联合抗秦，于是六国共同封他为宰相。他在燕国住了较长一段时期，出了很多好的计谋，很受燕王的重用。后来到了齐国，齐王又很信任他。当时不只秦国人痛恨苏秦，想要苏秦死以破坏合纵联盟，就连六国的人也嫉妒苏秦权位，尤其是齐国内部，有很多大臣和苏秦争宠，这次刺杀究竟是秦国人所为还是齐国人做的呢？

齐王探望身负重伤的苏秦，看他危在旦夕，痛恨交加地说："我一定要捉到刺客，为先生报仇！"苏秦喘着气说："大王，请您不要乱杀人，要抓到真正的刺客呀！"

齐王问："先生看清刺客的特征了吗？"

苏秦忍住伤口的疼痛，微弱的说："那个刺客是蒙面的，看不清，只知道他身材很高大。"

"光凭这一点怎么通缉刺客呢？"齐王很焦急。

苏秦想了想说："臣有一计……"如此这般地说完，不久便与世长辞了。

再说齐王回到宫中，一些平时与苏秦争宠的大夫纷纷来到他面前，看他对苏秦之死抱什么态度。

没想到平时非常器重苏秦的齐王，此时却歌照听，舞照跳，一点也没有悲伤的意思，反而恨恨地说："寡人方才明白，苏秦居然是燕国派来颠覆我国的奸细。现在要将他五马分尸，方解心头之恨！"大人们面面相觑，好像难以置信。

齐王看着大臣们的表情，当即命令把苏秦的头和四肢分别拴在5辆马车上。一声令下，5辆马车向五个方向奔跑，顿时，苏秦的尸体分为5个部分。大臣们这才相信，齐王是真的不再信任苏秦了。

齐王刚要回宫，只见观看分尸的人群中挤出一个人来，自称是杀死奸细苏秦的刺客。齐王见他身材高大，就说："你把行刺的过程说说看。假如真是你杀的，寡人将重重赏你。"

那人叙说了一遍，与行刺当天的情景居然分毫不差，齐王确定那人是刺客，立即命令拿下，刺客大惊，拼命挣扎，问："齐王您连苏秦的尸体都不留，我现在帮您杀了他，应该有功才对啊！"齐王看着刺客，说："寡人若不照苏秦先生临终献的计谋行事，你这亡命之徒怎会自投罗网啊！"

刺客方知上当，拔剑要刺齐王，周围的卫士们一跃而上，早把他剁成肉酱了。

惩一儆百

尹翁归，字子兄，祖上是河东平阳人。尹翁归年少时就成为孤儿，与叔父生活在一起。成年后在当地的司法部门做下级文吏，并因此通晓律法。他为人耿直、坦率，不畏权势，敢于揭发奸邪，办案精明，执法严正。

尹翁归任东海太守期间，陈纲立纪，严明法度，踏踏实实地做了许多有益于地方的事。他经常微服出访，明察秋毫，各县吏民贤与不肖，奸邪之人及其犯罪事实都了如指掌，他责令各县将危害地方的黠吏豪民的罪行详细记录在案，处置之事由他一人决断，一改过去由县令负责的制度，以防止他们与罪犯勾结串通。遇有重大紧急的案犯，他故意作出松懈的样子以麻痹对方，待罪犯失去警觉，即按名册一一抓捕归案，无有遗漏，然后分情况依法治罪。尹翁归对罪犯的斗争很有办法。他严惩案犯，总是在秋冬之际各地官员集中时或巡视各县时进行，以起到惩一儆百的作用。因此，长期以来危害地方治安，鱼肉乡民的贪官污吏、豪强大族惶惶不可终日，纷纷收敛恶性，不敢胡作非为。对于极少数顽固不化、作恶多端的地头蛇，尹翁归决不心慈手软，放纵姑息。郯县大豪强许仲孙在当地无恶不作，百姓恨之入骨。但因其势力大，只得忍气吞声，前任郡守在盘根错节的恶势力面前畏手畏脚，终至养虎遗患，成为郡中一害。尹翁归力排干扰，将许仲孙抓捕归案，并依法在闹市区将其斩首示众。消息传开后一郡震栗，无人敢触犯禁律。东海郡由此得治，百姓称颂。

尹翁归开始做官时，正是霍光当政的年代。河东霍氏家族崛起于霍去病建功立业的时代。汉武帝对匈奴人用兵，霍去病因为是皇后的外甥而有机会得到宠幸，进而领兵出战，立下战功。霍光是霍去病的弟弟，汉武帝死后，霍光掌握朝政，权倾一时。

因为有了霍去病、霍光这样的后台，留在平阳的霍家人开始发威，成为当地一霸，以至于霍家的奴仆门客都胆敢在街面市场之中打架斗殴，如入无人之境。可是，当尹翁归负责管理的时候，凡是霍家府中出来闹事儿的，一律严惩，使得霍家人只好偃旗息鼓。另一方面，尹翁归自己也持守清廉，因为管理得井井有条，许多商贾都来送钱送物，表示感谢，尹翁归不仅拒不接受，还加以严词训斥，使得在当地做买卖的商人也都老老实实，不敢有非分之想。

尹翁归本人虽然清廉从政，但由于触犯了霍家，所以，在霍家的压力下，尹翁归被解职，在家中闲居。后来，霍光死去，霍家势力被瓦解，田延年担任了河东太守。田延年巡视地方，来到平阳县，把以前在平阳县府做过官的旧吏五六十人全部请来，田延年亲自接见。大家坐下之后，田延年下令，有文才的旧吏坐在东面，有武才的坐在西面。轮到尹翁归时，他偏偏不肯重新归坐，一个人坐在那里不动。田延年的手下人来问，尹翁归回答说："我是文武兼备之人，只能坐在这里。"这些人都认为尹翁归倨傲不逊，田延年则认为这没什么不对，并且把尹翁归叫到面前问话。谈话结束后，田延年认为尹翁归的思想不同凡响，就把尹翁归留在身边作助手。

作为地方官员，尹翁归本人的清洁自守也是有名的，这在那时便是不常见的了。就因为尹翁归清廉从政，不计较私利，在与同事的交往中又能温良谦退，不以行为中正而骄人，所以，朝廷上下对他的评价也很高，当世之人，说到清廉官吏，往往就会以尹翁归为例。汉宣帝元康四年，尹翁归病死在任上。做了多年的郡守，尹翁归竟然"家无余财"，为此，汉宣帝特定下诏，认为他"廉平乡正，治民异等"，并赐给尹翁归的儿子黄金百斤，以表彰尹翁归的业绩和清廉。

尹翁归本是河东人，建功立业的起步和基础也在河东，完全可以说是有汉一朝的山西名人，值得山西人因为他而自豪。

暮夜却金

杨震，字伯起，东汉人，家道衰微后寓居今河南省灵宝市境内。他勤奋好学，博闻强识，是当时的一代大儒。他长期客居河南湖城县，任教 20 多年，桃李满天下，当地人们都尊称他为“关西夫子杨伯起”。州郡里多次请他去做官，他都拒绝了，只在家里教书。

传说有一天，有只鹳雀含了 3 条鱼，飞到他的讲坛上。他的学生把鱼拿起来说：“老师，这是蛇一样的鱼，听说它的颜色是象征官服颜色的，3 条的数目，是表示三公的职位，老师以后一定会高升发达！”

杨震 50 岁的时候，接受大将军邓骘的推荐进入官场，历任荆州刺史，东莱太守，后又任涿郡太守。元初四年到朝中任太仆、太常。永宁元年做司徒，也算是大器晚成的例子。当然，杨震受人尊敬并不只是因为他博学和权势，更多的是因为他的品性。

杨震公正廉洁，不谋私利。他任荆州刺史时，偶然发现王密才华出众，便向朝廷举荐王密为昌邑县令。王密因此感激异常。后来他调任东莱大守，途经王密任县令的昌邑时，王密亲赴郊外迎接恩师。晚上，王密前去拜会杨震，俩人聊得非常高兴，不知不觉已是深夜。王密准备起身告辞，想了想，终于从怀中捧出金灿灿的黄金，放在桌上，恭敬地说道："恩师难得光临，我准备了一点小礼，以报栽培之恩。"杨震看着桌上的黄金，肃然道："以前我推荐你，是因为我了解你的真才实学，所以才举你为孝廉，也希望你做一个廉洁奉公的好官。现在你这样做，岂不是违背我的初衷和对你的厚望。你对我最好的回报是为国效力，而不是送给我个人什么东西！"

王密还坚持说："三更半夜，不会有人知道的，老师请收下吧！"杨震立刻变得更加严肃，声色俱厉地说："你这是什么话，天知，地知，我知，你知！你怎么可以说没有人知道呢？没有别人在，难道你我的良心就不在了吗？"王密顿时满脸通红，深深一拜，赶紧像贼一样溜走了，消失在沉沉的夜幕中。

汉安帝时博士选举风气不正，所选博士名不符实。杨震极力煞住这股歪风，他荐举的明经名士陈留、杨伦等，都是才能和品格都过硬的人。安帝延光二年，杨震升为太尉。安帝的舅父耿宝向杨震推荐中常侍李闰的哥哥，希望得到提拔。杨震不同意，耿宝又亲自找到杨震，威胁说："国家很倚重李常侍的才能，准备让您提拔他的哥哥，我只是向您传达皇上的意思罢了！"杨震说："假如朝廷想要我们太尉三府征召人才，就一定会有皇上批示的尚书命令。我是为国家挑选人才，看重的是才德，而不是情面。"他坚决不同意，耿宝只好失望而归。后来皇后的哥哥推荐亲信给杨震，杨震也不接受。

杨震做官清正廉明，从来不肯私下接见任何人，就是家里的人，也不准他们过问他的公事。他除了应得的薪饷之外，一丝一毫都归入公家。他常常教育家人要节省家用，出门的时候，也叫他们步行，不准乘坐公家给他准备的车子。有人见他这样清廉，做了大官，家里还是那样的清苦，就劝他添置产业。他却说："让后世的人称我的子孙为'清白官吏的子孙'，拿这个当作遗产，不是很丰厚吗？"由此，"清白传家"的美誉传诵至今。

张飞审瓜

提起张飞，很多人都想到一个手持丈八长矛，须发皆张，狂躁勇猛的战将，其实这位三国名将也有其细心的一面。

昔日，在刘、关、张失散的时候，张飞单枪匹马占领了一座古城县，并且自立为县令，因为没有刘备及关羽撑腰指点，因此只好兢兢业业的小心处理日常事务。当地人看他凶猛的样貌，一个个虽然胆战心惊，但是都觉得这位县太爷定是文墨不通的粗人。

一天，张飞手持丈八蛇矛坐在大堂上问："有人告状吗？"下面的人看他拿着蛇矛都心想："拿着这样的凶器，人家跑都来不及了，谁还敢来报案？"

还真有不害怕的。很快就有人找到张飞，让他审案。来告状的是一男一女，男的又矮又胖，身着绫罗绸缎，一看就是个有钱的大财主，手里还抱着一个滚圆的大西瓜；而那女子则身材曼妙、面似桃花，却脸带卑怯，双眼红肿，怀里还抱着个婴儿。

只见那个财主指手画脚地说，这个女子偷了他家的西瓜，他亲眼所见，说得有鼻子有眼，那个女子只是抱着孩子一味啼哭。张飞性情暴躁，一拍堂上的桌子，便直接问女子：“你偷他西瓜，是认打还是认罚？”女子被张飞这样一吓，脸色都变了，哭得更是梨花带雨，只会不住嘴地说：“老爷饶命，姥爷饶命。”张飞是个嫉恶如仇的人，只觉贼人实在可恶，也不理女子求饶，拿着蛇矛刺向女子，快刺到婴儿及女子时，想到小孩无罪，便要女子把小孩放在旁边，哪知女子把小孩抱得更紧了！

这时张飞突然灵光一闪，想：“此女如此呵护小孩，怎么可能还带着孩子去偷那么大的大西瓜呢？”随后就明了了整个案情的来龙去脉。

张飞看着财主说：“此女子偷你的西瓜，实在可恶，但罪不该死，不如送你做奴婢，怎么样？”财主忍不住露出色咪咪的眼神直说好。张飞冷笑了一下又说：“要是你可以抱着她的孩子再抱上大西瓜，你当下就带她走吧！”财主一手抱起孩子，想要去抱那个硕大的西瓜，但是无论怎么尝试，都没办法一手抱孩子，一手又抱起西瓜。张飞此时瞪大眼睛怒喝道：“你都不行了，你觉得她行吗？你分明是要抢占妇女！”随即便把财主打入了大牢，放了那个女子。

这件事很快就在城里传开，大家都说原来暴躁的张飞张大人粗中有细、办事公道，比那些识文断字的贪官污吏强多了。张飞也因此获得了人心，慢慢在古城县站住了脚。

曹操巡夜

东汉末年，朝廷昏暗，奸臣当道，百姓们受尽欺凌，哭告无门，好端端的京城洛阳也被他们弄得乌烟瘴气。这时，曹操作为孝廉被推举进京做官。皇帝看他文武双全，能说会道，就派他在洛阳做了北部尉，掌官京都北城政事。

这个官虽说不大，可也不大好当。因为住在洛阳北城的有许多都是皇亲国戚和达官豪强。这些人仗势欺压百姓，无恶不作，历任北部尉谁都不敢去捅马蜂窝。曹操是个有心计的人，从小就胸怀治国安天下的雄心大志，现在当了个北部尉，虽说官小点，总算英雄有了用武之地。北城豪强为富不仁残害百姓的事他早有耳闻。上任头一天，第一件事就是找匠人做了10根碗口粗细的大棍，染成红黄蓝白黑五色，让兵丁各持一根，分列衙门大门外两边。过路的老百姓不知道曹操葫芦里卖的什

么药。有人说，新官上任三把火，不知曹操这是烧的哪一门子邪火；有人说，新官气派与众不同，兴许会治治那些欺压百姓的坏蛋；还有人说，自古以来官向官民向民，曹操不会向着受苦人。人多嘴杂，说什么的都有。曹操听了，什么都没说，顺手拿起一叠子告示，叫兵丁去大街小巷分头张贴。老百姓还当曹操又出啥新花样呢，挤过来一看，龇龇牙冷笑两声又都走了。告示上也没说什么，只说是为整顿北城社会秩序，严防歹徒夜间行凶危害百姓，自即日起实行宵禁，有敢不遵者，五色大棍严惩不贷。这种告示，历任北部尉都贴过，可是恶人照旧霸道行凶，百姓仍然受害遭殃，

当夜曹操把兵丁分派停当，就让他们上街查夜去了，临走时，他还再三交代：天大的事都由我做主，只要有人胆敢犯禁，无论官宦百姓，一律押回衙门审问。谁知一连三夜，出去巡夜的兵丁回来都报告“平安无事”，当然也没抓住一个犯禁的人。北城果然平安无事吗？曹操是何等聪明的人，他听罢兵丁报告，嘴里虽然没说什么，但心里却都明白了。

等到第四天晚上，巡夜的兵丁正说要上街，曹操忽然来到衙门。他二话没说，带上书僮，打着灯笼，领着兵丁巡夜去了。

这天夜里，正赶上月黑加阴天，洛阳街头除了隔三差四听见几声打更的梆子响，什么声音都听不见。曹操带着兵丁，走大街串小巷，旮旯缝道都查遍了，也没碰见一个犯禁的人。他

心里想，北城豪强恶名在外，难道说我这一张告示出来，这些家伙真的都改邪归正了不成？他正想着心事，忽然听见一声尖叫“救命啊——”曹操一怔，连忙一阵小跑赶到一条小胡同里。这是一条死胡同，最里边有一间破草屋，屋门倒在地上，门外头立着一匹高头大马，马上坐着一个骷髅样的老头，正拈着胡子哈哈大笑。再往里头看，几个膀大腰圆的大汉正从屋里往外拽着一个年轻女人。曹操不觉勃然大怒，“呛啷”一声从腰里拔出宝剑，大喝一声：“住手！”这一声真如平地一声霹雳，把那帮家伙一个个震得目瞪口呆。骑在马上的干骷髅扭头一看，眼前站的这人好不威风，他心里不由一怔，身子禁不住直打冷战。停了好一会儿，他才定住神儿，壮壮胆说；“你是哪来的野种，敢来老爷面前捋虎须？”曹操一听这话，知道找见了对头，只见他不慌不忙地答了话：“老爷乃是洛阳北部尉曹操！”干骷髅听说是个小小北部尉，不由“哼哼”一阵冷笑道：“你知道我是谁吗？”曹操说“老爷是巡夜查禁，哪个管你是谁！来人，与我一齐拿下！”哪知曹操令下，手下兵丁个个都象木雕泥塑，竟没有一个人动手。他正想发火，一个年纪大点的班头过来说；“老爷，此人乃当朝蹇硕大人的亲叔蹇老爷，拿不得！”曹操听说是蹇叔，心中一动。他想，要想整顿北城秩序，非拿这号出头鸟开刀不行，怎能轻易放过他。于是，把眼一瞪说：“就是王子犯法，也要与民同罪！尔等若要枉法，老爷定斩不饶！此时还不动手，更待何时？”蹇叔平日仗势欺人，无恶不作，就连这些兵丁也没少受他的冤枉气，暗地里早已恨得咬牙，如今有老爷撑腰打气，自然个个奋勇当先，只听齐吼一声，三下五除二，就把这群恶棍捆了个死马倒踐蹄儿。百姓们见曹操真个动手抓了蹇叔，一家家都开了大门，走出来助威呐喊……

曹操把蹇叔带回衙门，连夜击鼓升堂。这家伙开始还想耍赖，怎奈苦主在场哭诉，四邻百姓又纷纷当堂作证，最后只得画供招认。曹操收起供状，“啪”一声丢下火签，命令重责50大棍！兵丁们象拉死狗一般，把蹇叔和几个狗腿子拖到衙门外边大街上，扒开裤子，抄起红黄蓝白黑五色大棍，乒乒乓乓一口气打足了50下。蹇叔爬在地下疼得鬼哭狼嚎，老百姓高兴得拍手叫好！

从那以后，北城豪强一听曹操二字，头皮就发紧，一见五色大棍，浑身上下就起鸡皮疙瘩，再也不敢祸害老百姓啦！

焚猪断案

三国时期，句章县县令张举审过一桩“谋杀亲夫”案件。一名男子状告自己的弟媳妇烧死了自己的弟弟。男子面带悲怆，被告的女子一身孝衣，脂粉不施却仍然很有几分姿色。

那男子指着嚎陶大哭的女人向张县令申诉道：“昨晚她回了娘家，半夜，我弟弟家起火，待我们赶到去救火时，房屋已经烧塌，弟弟也被烧死在床下。我弟弟为人懦弱，这个女人平日就行为不轨，定是她与奸夫合谋害了我弟弟，请大人明察。”

那女子哭天抢地，大呼：“冤枉！冤枉！我昨夜住在娘家，哪知家中遭如此天大不幸，如今，还被冤枉杀夫，我也不想活了！”说着，一头向附近的厅柱上撞去，幸被差役们拉住，才免于头破血流。

县令张举听了双方诉讼，一时难以决断。一个说得头头是道，一个伤心欲绝，都不像是假的。他手捋胡须，沉思一会，吩咐衙役到现场去察看，命仵作检验了死者尸体，没有发现任何可疑之处。他又亲自掰开死者的嘴看了看，面对灰烬飞旋、余烟缕缕的残屋，心中忽有所悟。

张县令决定开设临时公堂，当场问案。临时公堂就设在火烧现场前面一块空地上，张举正中坐定，手捋胡须说："这场大火，与他家里的两头猪有关，只要审问两头猪，就能水落石出。来人，把两头猪押上来。"

众人听了都大惑不解，县令大人怎么会说这案子和猪有关系呢？

不一会儿，两个衙役各牵一头猪来到临时公案前。张举瞧了两头猪一眼，一拍惊堂木喝道："两头逆畜，竟敢纵火害人，还不给我从实招来！"两头猪见四周围着许多人，吓得"咕噜噜、咕噜噜"乱叫起来，其中的一头竟然挣脱了绳索，朝公案撞来。张举大喝一声说："你这逆畜，竟敢耍赖，冲撞本官，来啊！立刻把它当场处死。"衙役奉命，当即把这头猪宰了。

张举又对围观的百姓说："两头逆猪，纵火害人，罪大恶极，死罪难免，来啊！速取干柴树枝，当众用火焚死。"衙役立刻找来树枝，用火点燃。将一死一活两头猪扔进火堆。只见浓烟翻滚，死猪一动不动，那头活猪在火堆里拼命挣扎，叫声十分凄惨。

过了一会，火慢慢熄灭后，大家伸头一看。两头猪都被烧得焦头烂额，全身象木炭一般。早已分不清哪头是哪头了。张举命令衙役将两头烧焦的猪从火堆里拖出来，扒开嘴巴，验查一下，嘴里有何不同。

差役们照办后回报："杀死后放进火堆的猪，嘴内清清白白；而活活烧死之猪，嘴内尽是灰烬。"

张县令转头对那个目瞪口呆的女子说："你丈夫的嘴内也是清清白白，一点灰烬没有，这是什么缘故？"那女子脸色大变，吱吱呜呜的说不出话来，张举把惊堂木一拍，对跪在堂下一身孝服的女子大喝一声："你这贱妇，如今铁证如山，还不与我从实招来？"

那妇人顿时如同一滩烂泥瘫在地上，一五一十地招认了与奸夫合谋害死亲夫，然后纵火烧屋的经过。

孙亮巧断案

孙亮是孙权幼子，因为聪明异常被孙权立为太子，即位时才 10 岁。虽然孙亮年纪小，但是整个江东没有人不知道孙亮是个神童。孙亮观察和分析事物都非常深入细致，常常能使疑难事物得出正确的结论，为一般人所不及。

一次，孙亮想要吃梅子，吩咐身边黄门官去库房把浸着蜂蜜的蜜汁梅取来。刚好这个黄门官心胸狭窄，是个喜欢记仇的小人。他曾经因为一点小事，和掌管库房的库吏起了冲突，经常怀恨在心，平时两人见面就发生口角，一直伺机报复。这次，孙亮让他去取蜜汁梅，路上突然发现一盆花下，居然有几颗老鼠屎，眉头一转，计上心来，暗暗地想，终于逮到机会好好报复一下那个库吏了。他从库吏那里取了蜜汁梅后，悄悄将老鼠屎放了进去，密封好后才拿去给孙亮。料想孙亮吃了带老鼠屎的蜜汁梅定会勃然大怒，严惩库吏。

不出他所料，孙亮没吃几口就发现蜂蜜里面有老鼠屎，果然变色，大怒道："是谁这么大胆，竟敢在我的食物里放老鼠屎，简直反了！"那个黄门官抓准机会，忙跪下奏道："库吏一向不忠于职责，常常游手好闲，四处闲逛，一定是他的渎职才使老鼠屎掉进了蜂蜜里，既败坏主公的雅兴又有损您的健康，实在是罪不容恕，请您治他的罪，好好儿教训教训他！"

孙亮马上将库吏召来审问鼠屎的情况，问他道："刚才黄门官是不是从你那里取的蜜呢？"库吏听说主公居然在蜜汁梅里吃出了老鼠屎，早就吓得脸色惨白，磕头如捣蒜，结结巴巴地回答说："是……是的，但是我给他……的时候，里面……里面肯定没有鼠屎。"黄门官抢着说："不对！一定是库吏在撒谎，鼠屎早就在蜜中了！"两人争执不下，都说自己说的是真话。

侍中官刁玄和张邠出主意说："既然门官和库吏争不出个结果，分不清到底是谁的罪责，不如把他们俩都关押起来，一起治罪。"

孙亮却略一沉思，微微一笑，说："其实，要弄清楚鼠屎是谁放的这件事很简单。"说完，让人把老鼠屎挑出来，。当着大家的面把鼠屎逐一切开，然后唤来大家仔细查看：只见每一粒老鼠屎都是只有外面沾着一层蜂蜜，是湿润的，而里面却是干燥的。孙亮哈哈大笑，看众人不解的神情解释说："如果鼠屎是早就掉在蜜中的，浸的时间长了，一定早湿透了。现在它却是内干外湿，很明显是刚刚被放进去的，这个罐子除了库吏，就只有黄门官接触过。一定是黄门官刚刚放进去的，如此栽赃，实在是太不像话了！”

这时的黄门官早吓昏了头，扑通一声跪在地上，磕着头如实交待了自己是如何栽赃陷害库吏、欺君罔上的罪行。

这件事传开后，天下所有的人都知道孙亮虽然年纪小，但是却明察秋毫，丝毫不敢小视他了。

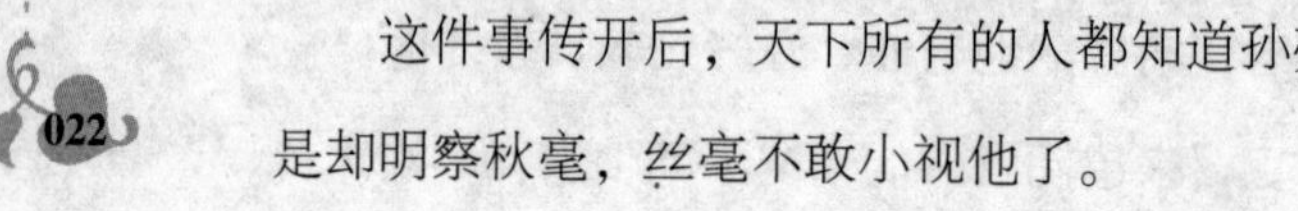

谁是强盗

苻融是苻坚的弟弟，字伟明，前秦陈郡仪人。苻融小时候姿容俊美，聪明异常，明事理，善断案，是哥哥苻坚南征北战的得力助手。但是和苻坚不同的是，苻融更理智，更容易看清事情的真相。有一年，苻坚在皇宫里的太极殿召集大臣商量讨伐晋朝的事，打算亲自率领百万精兵讨伐晋国，大臣们纷纷表示反对。大臣权舆说："晋国虽然弱小，但是他们的国主还没犯什么大错，手下还有像谢安、桓冲那样的文武大臣，团结一致。咱们要大举攻晋，恐怕不是时候。"苻坚听了权舆的话，拉长了脸很不高兴。另一个武将石越说："晋国有长江作为天然屏障，再加上百姓都想抵抗，只怕我们不能够取胜。"

苻坚更加生气，他大声说："哼，长江天险有什么了不起，我们的军队那么多，大家把手里的马鞭子投到长江里，也可以把长江的水堵塞。他们还能拿什么来做屏障。”

大伙儿议论了半天，没有一个结果。苻坚不耐烦地说：“你们都走吧。还是让我自己来决断。”

大臣们看见苻坚发火，全都不敢说话，一个个退出宫殿。最后，只有苻融还坚持留在殿上。

苻坚把苻融拉在他的身边，说：“自古以来，决定国家大计的，总是靠一两个人。今天，大家议论纷纷，没有议出个结果来。这件事还是咱们两人来决定吧。”

苻融心情沉重地回答说：“我看攻打晋国确有许多困难。再说，我军连年打仗，兵士们也已经精疲力乏，不想再打。今天这些反对出兵的，都是陛下的忠臣。希望陛下采纳他们的意见。”

苻坚没料到苻融也会反对他，马上沉下脸来，说：“连你也会说出这种丧气的话来，真叫人失望。我有精兵百万，兵器、粮草堆积如山，要打下晋国这样残余敌人，哪有不胜的道理。”

苻融看见有苻坚这样一意孤行，焦急万分。他苦苦劝告苻坚说：“现在要打晋国，不但没有必胜的希望，而且京城里还有许许多多鲜卑人、羌人、羯人。陛下离开长安远征，要是他们起来叛乱，后悔也来不及了。”

结果苻坚的这次伐晋行动，最终像苻融预测的那样，以失败告终，前秦也一蹶不振。

还有一件小事，也足以看出苻融的聪明才智。

这个故事发生在苻融在冀州做知府时。有一天晚上，一位穿着华贵，带着金银首饰的老太太提了个包袱慢慢地走在路上。突然，从路边的小树林里窜出一条黑影，抢了老太太的包袱就跑。老太太踉跄了一下，跌倒在地，一时爬不起来，只能捶胸大喊："有人抢包袱啦！"

刚好有个赶路的小伙子听到喊声，立即赶了过来，朝黑影跑的方向追去了。不大一会儿，两人就扭打着走了回来。谁知，两人都一口咬定对方是贼，自己是捉贼的人。当时天色已黑，老太太年纪又大，老眼昏花，根本没看清他们的脸，其他的人就更难分辨了。一个是贼，一个是捉贼的，二人互不相让，吵吵嚷嚷一直分不清，只好一起来到了衙门。

苻融问明情况，看二人年纪相当，体格也差不多，猛然一看，真的分辨不清谁是谁。苻融想了想，计上心头。先问二人："你们二人刚才追打，可曾受伤？"二人检查一番，都说没有。于是苻融对衙役吩咐说："叫他们赛跑，先跑出城门的就不是贼。"

两个年轻人拔腿开跑，一会儿，两人就跑了回来，苻融认定后跑出城门的那个人是贼。没想到，那个人拒不认罪。苻融并不着急地说："你们再当场比试一下武艺。"结果又是那个后跑出城门的人输了。最后只好承认了自己是贼。

衙役很奇怪，问符融：“大人如何断定哪个是贼呢?”符融笑着说：“跑得慢才会被追上，打不过才会被捉住啊!”

衙役一听，敬佩得五体投地。

苟晞杀弟

苟晞，字道将，河内山阳人。苟晞出身寒微，但是凭借自己的果断干练，骁勇善战，历任阳平太守、尚书右丞、左丞、兖州刺史、扶军将军、大都督，直至太子太傅，都督中外诸军事，录尚书。后又进爵东平郡公。位极人臣，权倾一时。

当时，正值“八王之乱”时期，皇族争权，战乱频仍，诸王专权“你方唱罢我登场”。苟晞初入仕时，刚直不阿，清正廉洁，为司隶部从事，东海王司马越很赏识他，举荐为通事令史，后又升为阳平太守。齐王司马冏辅政时，苟晞参与司马冏的军事，拜尚书右丞，又转为左丞，负责督察各部门的廉政。

苟晞办事谨慎，公私分明，不徇私情，官员们都怕他，每个人见到他都不敢直视，。后来司马冏犯事被诛，因苟晞为人正直，做官清廉，才免遭连坐。公元 307 年，羯族反晋武装头领汲桑发动叛乱，攻破了都城邺城，东海王司马越出兵官渡讨伐汲桑，任命苟晞为前锋。苟晞到了邺城，整顿军队，休养士兵，单枪匹马向汲桑的叛军宣传叛乱的祸福。汲桑的许多部下都受到了惊吓，纷纷趁着夜色逃走，苟晞很容易就攻陷了其防御工事，攻克邺城，平定了叛乱。接着苟晞又率军平定了其他地方的叛乱，这时的苟晞“威名甚盛”，当时的人把他比作韩信再世。苟晞进位抚军将军，出入有仪仗，都督青、兖二州诸军事，“封东平郡侯，邑万户”。苟晞精通兵法，先后战败汲桑、吕郎、刘根、公师藩、石勒等。

苟晞不仅在军事上骁勇善战，他还政事老练，断决如流，其属僚绝对无人敢欺上瞒下。苟晞小时候家境贫寒，跟随自己的姨母长大，姨母对他照顾的无微不至，他的表弟和他也是从小一起长大，感情非常好。当时苟晞的姨母和他的表弟也随他生活在一起，苟晞对待姨母像对待亲生母亲一样孝顺。他任兖州刺史时，他的姨母想让他为他的表弟在军中谋个差事。苟晞断然拒绝了她，并对她说：“我不会拿朝廷给我的权力来为家里人谋私利的，如果我做了，将来姨母你一定会后悔的。”可是他的表弟却不听苟晞的劝告，再三求苟晞给他个差事，苟晞无奈，只好让他当了个小小的督护。

后来表弟果然违反了军纪，按律当斩。姨母哭着一再向苟晞叩头，拽着苟晞的袖子说着他小时候的事，请求他无论如何饶了她儿子的性命。苟晞虽然很同情姨母，更舍不得从小一起长大的表弟，但他还是大义灭亲下令杀了表弟。事后，荀晞身穿丧服亲自为表弟哭丧，流着眼泪说：“杀你的人是刺史，可是现在穿着孝服为你哭丧的是你的哥哥荀晞。”由此可见，荀晞秉公执法，不徇私情。

请君入瓮

武则天在平定徐敬业叛乱之后，决心除掉那些反对她的唐朝宗室和大臣。可是，谁在暗中反对她，用什么办法才能知道呢？

于是，她就下了一道命令，发动全国告密。不论大小官吏，普通百姓，只要发现有人谋反，都可以直接向她告密。地方官吏遇到有人告密，不许自己查问，一定要替告密的人备好车马，供给上等伙食，派人护送到行宫，由武则天亲自召见。如果告密的材料属实，告密人可以马上做官；查下来不符事实，也不追究诬告的责任。

这样一来，四面八方告密的人当然越来越多了。

武则天收到许多告密材料，总得有人替她审问。有一个胡族将军索元礼，就是靠告密起家的。武则天派他专门办谋反的案件。索元礼是一个极端残忍的家伙，审问案件，不管有没有证据，先用刑罚逼犯人供出同谋。犯人受不住刑，就胡乱招了一些假口供，这样，他审问一个人就会牵连到几十个几百个人。株连越广，案情就越大。索元礼向太后一汇报，太后直夸他办事能干。

有些官吏看到索元礼得到太后赏识，就学起索元礼的样儿来。其中最残酷的是周兴和来俊臣。他们每人手下养了几百个流氓，专做告密的事。只要他们认为谁有谋反嫌疑，就派人同时在几个地方告密，捏造了许多证据。更奇怪的是，来俊臣还专门编了一本《告密罗经》，传授怎样罗织罪状的手段。

周兴、来俊臣办起案来，比索元礼还要残忍。他们想出各种各样惨无人道的刑罚，名目繁多，花样百出。他们抓到人，先把各种刑具在“犯人”面前一放，“犯人”一看，就被迫招认了。

周兴、索元礼前前后后一共杀了几千人，来俊臣毁了一千多家，他们的残酷就出了名。有个正直的大臣对皇帝说：“现在下面告发的谋反案件，多数是冤案、假案，也许有人阴谋离间陛下和大臣之间的关系，陛下可不能不慎重啊！”可是，武则天不愿听这种劝告。告密的风气越来越盛，连她的亲信、掌管禁军的大将军丘神绩，也被人告发谋反，被武则天下令杀了。

有一天，太后接到告密信，说周兴跟已经处死的丘神绩同

谋。皇帝一听，大吃一惊，立刻下密旨给来俊臣，叫他负责审理这个案件。说巧也巧。太监把皇上的密旨送到来俊臣家，来俊臣正跟周兴在一起，边喝酒，边议论案件。来俊臣看完武则天密旨，不动声色，把密旨往袖子里一放，仍旧回过头来跟周兴谈话。来俊臣说："最近抓了一批犯人，大多不肯老实招供，您看该怎么办？"周兴捻着胡须，微微笑着说："这还不容易！我最近就想出一个新办法，拿一个大瓮放在炭火上。谁不肯招认，就把他放在大瓮里烤。还怕他不招？"

来俊臣听了，连连称赞说："好办法，好办法。"他一面说，一面就叫公差去搬一只大瓮和一盆炭火到大厅里来，把瓮放在火盆上。盆里炭火熊熊，烤得整个厅堂的人禁不住流汗。周兴正在奇怪，来俊臣站起来，拉长了脸说："接皇上密旨，有人告发周兄谋反。你如果不老实招供，只好请你进这个瓮了。"周兴一听，吓得魂飞天外。来俊臣的手段，他是最清楚的。他连忙跪在地上，像捣蒜一样磕响头求饶，表示愿意招认。来俊臣根据周兴的口供，定了他死罪，上报皇帝。

武则天想，周兴毕竟为她干了不少事，再说，周兴是不是真的谋反，她也有点怀疑，就赦免了周兴的死罪，把他革职流放到岭南去。周兴干的坏事多，冤家也多，到了半路上，就被人暗杀了。留下的一个来俊臣，仍旧得到武则天的信任，继续干了五六年诬陷杀人的事，前前后后不知道杀害了多少官吏百姓，连宰相狄仁杰也曾经被他诬告谋反，关进牢监，差一点被

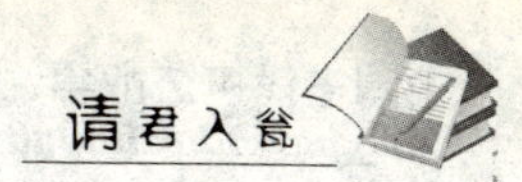

他整死。

来俊臣的胃口越来越大，他想独掌朝廷大权，嫌武则天的侄儿武三思和女儿太平公主势力大，索性告到他们身上去了。这些人当然也不是好惹的，他们先发制人，把来俊臣平时诬陷好人、滥施刑罚的老底全都揭了出来，并且把来俊臣抓起来，判他死罪。武则天还想庇护他，一看反对来俊臣的人不少，只好批准把他处死。来俊臣被处死刑那天，人人称快。大家互相祝贺，说："从现在起，夜里可以安心睡觉了。"

执法如山

李元紘，世居京兆万年县。他的祖上本姓丙，隋末，李元紘的曾祖丙粲率部响应唐高祖李渊进占关中，被封为应国公，官拜宗正卿，赐姓李。李粲在隋朝为官时和李渊有着良好的关系，因而受到格外的照顾，升迁为左监门卫大将军，特许他在宫中骑马。

唐时进入仕途一般有两个途径，一是可靠，一是荫，李元紘走的是荫这条路子。所谓荫就是人们常说的祖上荫德，唐朝五品以上官员的子孙可以获得一个朝廷干部的指标。按唐制，正三品的孙子，从三品的儿子所能荫得的官阶同为从七品，李元紘步初仕途担任的泾州司兵参军就是从七品。

唐中宗神龙二年冬十一月，太平公主赴雍州游玩，相中了当地寺院里的一盘水磨，未经寺院和尚同意，即吩咐从人准备强行运往京城，归为己有。寺院和尚迫于太平公主的权势，不敢当面阻拦，只能告到雍州司户李元紘那里。司户是比七品芝麻官还要小的小吏。但李元紘不畏权势，公正刚直，当即受理此案。经查，该水磨确系寺院合法财产，太平公主无权霸占。随即将水磨判归寺院和尚。

这一判决，吓坏了李元紘的顶头上司、一向趋附权贵的雍州刺史窦怀贞。太平公主既是唐高宗与武则天的女儿，又是唐中宗的妹妹，开府置官，权倾朝野，窦怀贞巴结犹恐不及，怎敢让自己的属下去冒犯？他即刻命令李元紘将水磨改判给太平公主。李元紘对这种恃强凌弱、媚上欺下的行径无比愤慨。二话不说，当即挥笔在原判决书的空白之处书写“南山可移，此判无动”八个大字，坚决维持了原判。后世将这八个字逐渐浓缩成了“执法如山”。

在担任京兆尹之后，李元紘历任工部、兵部、吏部侍郎。开元十三年，唐玄宗有意提拔李元紘担任户部尚书，但遭到一些人的反对，他们认为李元紘资历太浅，不宜破格提拔，于是便过渡了一下，先当了一年户部侍郎。一年之后，也就是开元十四年四月，李元紘被任命为中书侍郎、同平章事，成为宰相。

在开元时期的宰相中，李元紘以清俭著称。在高位多年，李元紘没有修葺过自己的住宅，所骑马匹上的鞍饰物都是旧的，皇上赏赐的钱物全都送给亲戚们。宋璟称赞李元紘：“贵为国相，家无储积”。

范仲淹执政

范仲淹是苏州吴县人，从小死了父亲，因为家里贫穷，母亲不得不带着他另嫁到一个姓朱的人家。范仲淹在十分艰苦的环境中成长。他住在一个庙宇里读书，穷得连三餐饭都吃不上，天天只得熬点薄粥充饥，但是他仍旧刻苦学习，终于成为一个很有学问的人。

范仲淹回到京城，仁宗马上召见，要他提出治国的方案。范仲淹知道朝廷的弊病，就提出了十条改革措施，一、对官史一定要定期考核，按他们的政绩好坏提拔或者降职；二、严格限制大臣子弟靠父亲的关系得官；三、改革科举制度；四、慎重选择、任用地方长官。还有就是提倡农桑、减轻劳役、加强军备、严格法令等等。仁宗正在改革的兴头上，看了范仲淹的方案，立刻批准在全国推行这十条改革措施。历史上把这次改革称为“庆历新政”

范仲淹为了推行新政，先跟韩琦、富弼等大臣审查分派到各路（路是宋朝行政区划的名称，相当于现在的地区行署）担任监司的人选。有一次，范仲淹在官署里审查一份监司的名单，发现有贪赃枉法行为的人员，就提起笔来把名字勾去，准备撤换。在他旁边的富弼看了心里不忍，就对范仲淹说：“范公呀，你这笔一勾，可害得他一家子哭鼻子呢。”

范仲淹严肃地说：“要不让一家子哭，那就害得一路的百姓都要哭了。”富弼听了这话，心里对范仲淹立刻刮目相看了，佩服范仲淹的见识高明。

范仲淹的新政刚一推行，就像捅了马蜂窝一样。一些皇亲国戚、权贵大臣、贪官污吏，纷纷闹了起来，他们散布谣言，攻击新政。有些原来就对范仲淹不满的大臣，天天在仁宗面前说坏话，说范仲淹交结朋党，滥用职权。

仁宗看到反对的人多，就动摇起来。范仲淹被逼得在京城待不下去，就自动要求回到陕西防守边境，仁宗就把他打发走了。范仲淹一走，仁宗就下令把新政全部废止。

范仲淹为了改革政治，受到了很大的打击，但是他并不因为个人的遭遇感到懊恼。隔了一年，他的一位在岳州做官的老朋友滕宗谅，修建当地的名胜岳阳楼，请范仲淹写篇纪念文章，范仲淹挥笔写下了名篇大作《岳阳楼记》。

陈述古辨盗

陈述古，北宋诗人，与苏轼是好友。苏轼曾做了一首《和陈述古拒霜花》：千林扫作一番黄，只有芙蓉独自芳。唤作拒霜知未称，细思却是最宜霜。

陈述古为人刚正不阿，富有智谋，他在蒲城县做县令不久发生了一起盗窃案，一户人家家里的几件贵重东西被偷走了。当时抓了一批嫌疑犯，但一连审问了几次，毫无结果。这使陈述古有些犯难：把嫌疑犯都押起来，显然不合适；都放掉，案子破不了会被人看做无能，受到人们的嘲笑。怎样才能把真正的盗贼抓出来呢？

深夜里，陈述古难以入睡，坐在灯下翻阅有关材料，苦苦地思索。这时，寺庙里的钟声传来，久久地在他耳边缭绕。正是这悠扬的钟声使他想出了一个破案的巧妙办法。

隔了几天，陈述古向官员们说："最近在县南边的灵山寺里发现了一口'神钟'，能辨别盗贼，而且非常灵验。"随后派人将那口"神钟"运到蒲城，低低地悬挂在衙门后面的阁楼里，自己天天带着人焚香点烛，供上果品祭拜，十分虔诚。

这事很快传到嫌疑犯的耳中，他们不知"神钟"怎样辨盗贼，看县令大人如此虔诚，产生了一种莫名其妙的敬畏。

这一天，陈述古吩咐把嫌疑犯们带进阁楼。他带领官员们在"神钟"面前恭恭敬敬地摆上供品，烧香叩头。然后对嫌疑犯们说："这口钟很灵验，没偷东西的人摸它，不会发出声音；偷过东西的人只要手一碰到它，就会发出嗡嗡的声响。你们现在都不承认自己偷了东西，我只好请'神钟'来辨别了。"

说完，让他们退出阁楼，叫狱吏把"神钟"用帷帐围起来。就在这时，陈述古叫几个狱吏钻进帷帐，在钟身上布下了破案的标记。过了一会儿，陈述古亲自监视，把嫌疑犯逐个带进黑乎乎的帷帐里，让他们伸手去摸钟，摸过后，都挤在阁楼的一个黑暗角落里。

十几个人逐一都摸过了，"神钟"竟没有发出一点声音。官吏们默不作声，失望地看着陈述古。嫌疑犯们在暗处静静地站着，不知道该怎样收场。陈述古叫嫌疑犯走出阁楼，突然说："把你们的手伸出来。"

他们先是一愣，接着毫不在意地把手伸到面前。大家这才注意到，很多嫌疑犯的手掌都是黑黑的，只有一个人的手还是雪白的。陈述古呵呵一笑，指着手掌雪白的那人，说：“你就是偷东西的盗贼。”那人大惊，却矢口否认道：“大人无凭无据，怎说我是盗贼呢?”

陈述古指出证据，那人立刻垂头丧气的认罪了。

原来，陈述古暗中派狱吏将钟身上涂满了墨炭，然后让每个嫌疑犯都去摸涂了墨炭的“神钟”，真正的盗贼做贼心虚，惟恐手摸到钟后发出声音，只做了个摸的样子，没敢让手触到钟上，所以手指上一点儿墨炭也没沾上。手掌雪白的那个，自然就是真的盗贼了。

扯 画 轴

古人云：书中自有黄金屋；书中自有千钟粟；书中自有颜如玉。说的是只要好好读书就能得功名、享富贵、娶美妇，今天讲的故事是画中自有金千两，没有隐喻就是画中藏金。这究竟是怎么回事呢？事情要从顺天府香县的倪知府说起。

这倪知县名叫倪守谦，家财万贯，他娶了一位正房妻子给他生了个儿子，取名叫善继；临老这倪知县又纳了一房小妾叫梅先春，先春给他又生了个儿子名叫善述。善述出生之时倪知县已经 80 岁了，可算是老来得子，喜事一桩。可是烦恼也随之而来，倪知县的大儿子善继是一个贪财吝啬的家伙，怕老爹新添的儿子长大了会和他争夺家产，因此非常讨厌自己的弟弟，甚至处处寻找机会想要置幼弟于死地。姚知县年岁已高，一天他觉得自己身体十分不舒服，深觉自己即将不久于人世。

姚知县深知自己大儿子的品性，知道自己一死小儿子也一定活不成了，所以苦思办法。这一天他把大儿子叫到自己的床前说："你是长子，以后这个家就交给你了，我现在立下遗嘱将家里的契约账目家资产业都交给你，至于你弟弟善述，他还太小不知道能不能平安长大，如果他能长大成人你就替他娶一房媳妇，给他一间屋子数十亩田，不要让他挨饿受冻就行了。至于先春，要是她想嫁人就让她改嫁吧，要是她想为我守节，那你就养着她，看在老父的面子上不要虐待她们母子两个。"善继一听爹已经将所有的财产都留给了自己，心里自然是非常高兴，心想：多养两个人也就等于多养了两条狗罢了，没什么了不起的。因此就打消了要害死幼弟的想法。先春知道了倪知县立的遗嘱，悲痛万分，抱着还在襁褓中的儿子来到了倪知县的床边哭着说："老爷，您 80 岁，我才 22，我们的儿子还不满周岁，您现在将所有的财产都留给了大少爷，万一有一天您先我而去，您让我们母子怎么活啊?"

守谦说："不是我不顾虑你们母子的死活，你现在正值青春，我要是死了，你能为我守节吗？要是你改嫁了那我儿善述怎么办?"先春指天发誓说："我这辈子生是倪家的人，死是倪家的鬼。我发誓绝不改嫁，如果违背了誓言那么就让我粉身碎骨、不得好死!"守谦听先春赌咒发誓于是对她说："行了，你也不要再哭了，我已经为你们留了后路了。我这有一幅画，你一定要好好保管，将来有一天善述长大了，如果善继一分钱的家产都不给你们，那你就找个清正廉明的好官，将这幅画交给他，他自然会保善述成为大富翁的。”先春听完止住了哭声将画轴妥善保管，过了几个月，倪知县果然驾鹤西去。

时光荏苒岁月如梭，一晃18年过去了，善述应经长成了翩翩美少年，他想与哥哥分家另过，于是找到哥哥想让他把属于自己的那份家产给自己。然而善继怎么可能分给他财产呢，不但一分钱都没分给他反而对他说：“你出生时我爹都已经80岁了，谁知到你是谁的孽种。我爹也早就怀疑了所以才没有留给你一分钱，现在你跑来跟我争财产，做梦！”善述回家将这件事告诉了母亲梅氏，梅氏非常生气，这时她想起了丈夫去世之前交给自己的那幅画轴，她听说包公为官清正廉明，于是拿着画轴将善继告到了开封府。

包公听完了事情的经过，将画轴展开，看到画上画的是倪知县的画像，画中人端坐椅上，一只手指着地面。包公不明白这画中的玄机，于是先退了堂，来到后堂仔细研究那幅画，包公心想：这手要是指着天，是让我看天空；要是指着心，是让我仔细观察他的心思；用手指地，难道是让我看在已经入土的人的面子上，为他的儿子分财产不成？我要怎么替他分家产才能让他的儿子善述成为大富翁呢？正苦苦思索间，包大人无意间将目光放在了画轴上，心想：莫不是这画轴里藏着什么秘密？于是包大人仔细观察画轴，发现那画轴果然是空的，拆开之后看到里面藏着一张纸条，上面写着：“老夫的大儿子善继是个贪财狠心的家伙，我小儿子善述今年不满周岁，而我即将不久于人世，我料到善继一定不会把财产分给他弟弟，而且他还有要害死弟弟的心。所以我写下了遗嘱，将两间新屋和财产都给了善继；只留了右边的破旧的小屋给善述。但是我在这间旧屋的左边埋了5000两白银，在右边埋了5000两白银，1000两黄金。这些金银都是留给善述的，要是有哪位清官看到了这幅画，并且参透的画中的秘密，帮助我儿善述得到他应得的财产，就让善述拿出1000两黄金做酬谢。”

包公看完纸条找来了先春对她说：“要断你这案子就必须要到你家去断。”于是包公等一行人来到了倪府，善继一听包大人来了赶紧出门迎接。包大人进了府之后来到大堂上刚要入座，只见包大人站了起来对着空气施了个礼说：“现在您的如夫人来告您家里分家产的事，您看这事应该怎么办呢?”堂上的人都惊恐万分，不知道包大人在和谁说话。只见包大人又自言自语的说：“哦，原来是您的长公子贪财，您怕他有害弟之心所以将所有财产都给他了，那您的二公子怎么办呢?”只见包大人歪着头认真的盯着他的右方，好像右边正有人跟他说话一样，过了一会儿包大人又说：“右边的那所小屋子给二公子，那产业呢?”接着又自言自语说“哦，是这样，那银子也是给二公子的?”接着又做出谦逊的样子说：“这学生可不敢承担，您放心学生自会妥善处置的。”说完这些话突然站起来四处看，然后假装惊恐万分的说道：“刚刚分明是倪老先生跟我说话，怎么突然就不见了，难道是鬼魂吗？”堂下的人都惊讶万分，大家都以为包大人真的见到了倪老先生的魂魄，胆小的甚至吓得瘫坐在地上。包大人说：“你们的父亲刚刚显灵了，他已经把你们家里的事情都告诉我了，善继呀，你父亲让你将右边的那间小屋子分给你弟弟善述，你意下如何啊？”善继本就因包大人见到了自己父亲的魂魄而心惊，现在听包大人说只分给弟弟一间破旧的小屋于是顺水推舟的说：“一切都听从大人的评判。”包公又说：“这小屋里面所有的东西都给你弟弟，田地还是都归你管。”善继说：“那屋里都是些不值钱的小物件，就都给他吧，我不要了。”包公说：“刚才你父亲说了，这屋子地下埋了银子是给善述的。”善继不相信说：“就算是能挖出万两黄金我也不要，就都给他吧。”

包大人命人去房子左右挖，果然挖出了白银万两，黄金千两，善继后悔已经来不及了，况且他也相信了是老父显灵了，因此也不敢再觊觎这笔财产了。包大人说：“这千两黄金刚刚倪老先生说是答谢我的，我不能要，就将它给梅夫人做养老钱吧。”善述母子二人千恩万谢，包大人说“不要谢我，这是倪老先生显灵了，你们从此有了依靠就好好过日子吧。”一时间这件案子广为流传，大家都以为真的是倪老爷显了灵，其实是包大人借了鬼魂之说还了先春母子一个公道罢了。

铡王爷

包公任开封府尹时，经常巡查东京汴梁的大街小巷，维护京师地方治安。

一日，包公带张龙、赵虎、王朝、马汉等人巡查至西门坊，见四个牌军抬着一筐黄菜叶，累得满头是汗。包公顿生疑窦："一筐黄菜叶，何以四人抬？"遂命张龙、赵虎上前盘问。

四牌军甚是惊慌，更引起包公警觉，便令他们将筐抬到开封府检查。手下掀开黄菜叶，赫然见筐底藏着一具男尸。

包公当即审问四牌军，他们供称："奉长官孙文仪之命，将这一死尸抬去河边丢弃。"

包公即派张龙、赵虎持令牌拘传孙文仪到堂审问。孙文仪供述了奉西京洛阳王之命，擒杀一名叫司马都的男子的经过：

因为洛阳王差来下书的牌军认得司马都，孙文仪就让他带人守候在司马都必经之路。等司马都从家里出来，即被牌军擒入府中，并从其身上搜出了控告洛阳王之诉状。孙文仪不由分说，命牌军乱棍将司马都打死，同时密令四个牌军，将尸体藏在筐底，上盖黄菜叶，抬出丢弃。

最后，孙文仪当堂交出洛阳王亲笔书谕和司马都告洛阳王之诉状。包公令将孙文仪收监，司马都尸体暂存狱神庙内。

这时，堂外传来三声鼓响。包公命传击鼓人上堂，只见进来一老一小。包公询问他们姓甚名谁，状告何人，有何冤情。老者回道："我姓张，年已60，是西京洛阳城里司马家院公。小孩司马保，年方5岁，是司马家遗孤。我二人状告洛阳王强夺民妇，杀害司马家满门。"

张院公遂将司马家之冤情详细禀报包公：

司马家有兄弟二人，都是织造能匠。老大司马炽家住西京洛阳，娶妻梅佳丽，生子司马保，老二司马都家居东京汴梁。

今年正月上元佳节，西京洛阳大放花灯，司马炽举家去观灯。行至鳌山寺时，忽听一声喝道，只见数十牌军拥着洛阳王来到寺前。看灯人四下趋避，顿使司马炽、梅佳丽和肩负司马保的张院公，被人流冲散。

梅佳丽不识路径，正东张西望寻路之际，被洛阳王在马上看见。一见是个美貌佳人，洛阳王顿起淫心，遂命牌军将梅佳丽带回王府。

司马炽、张院公背着司马保，先后回到家中。梅佳丽失散后，不知去向，一夜未归。司马炽彻夜不眠，次日一早，即去鳌山寺一带访寻。有人告知："见一女子被洛阳王掳进府去。"司马炽欲去打听，却进不了王府大门。正无奈时，见墙上贴出王府告示："召西京织造能匠人王府织锦。"

司马炽于是应召在王府东廊下织锦。梅佳丽闻知后，悄悄来到东廊下见司马炽，二人相拥而哭。洛阳王看见大怒，拔剑刺死司马炽夫妇。

因为洛阳王恐司马家的人告御状，就亲领百名军卒将司马家包围。下令不分男女老幼，尽行杀戮，并将财物掠夺一空，然后放火烧屋，销赃灭迹。

那日，因司马保思母啼哭，张院公将其领出上街买糕，才幸免于难。回来后见火光冲天，尸横遍地。惊问邻居，乃知家人已被洛阳王所害。

张院公只好肩背司马保连夜逃走，到东京汴梁报与司马都。司马都听罢，昏倒在地，苏醒后即请人写状，到开封府投递。

因司马都一早出来告状，许久不见回音，张院公便带着司马保来开封府探问。包公让张院公去狱神庙辨认死尸。张院公认出是司马都，哭问其被何人所害。

包公告诉他："洛阳王闻说司马都在东京。虑其到开封府告状，便修书一封，差牌军送交东京监宫孙文仪，密令除掉司马都。"张院公一听，大喊冤枉。听了张院公的哭诉，包公义愤填膺，决心为民伸冤，为国除害，即派张龙、赵虎速去洛阳查证。

张龙、赵虎走访了鳌山寺一带居民和司马家的街坊邻里，大家众口一词，指证洛阳工强夺民妇，杀害司马家满门，掠去财物，放火烧屋。

包公寻思：“洛阳王是皇上的弟弟，没有圣旨不能拿人。但若奏明皇上，因事涉御弟，又恐难允准开封府捉拿皇亲。”

怎样才能将洛阳王调出王府，赚到开封府来依法处治？正当包公反复思索擒王之策时，接到圣旨，皇上调任包公为御史中丞一职。包公灵机一动，想到好计。

次日，包公上朝谢恩，并推荐洛阳王接任开封府尹之职。皇上准奏。洛阳王接到圣谕，甚是欢喜，即择日启程，到开封府接任，并在大堂之上命包公交出印玺。

不想包公取出御赐尚方宝剑，命张龙、赵虎、王朝、马汉将洛阳王拿下。随即包公挂印升堂，先传张院公带司马保上堂控诉；后传鳌山寺见证人和司马家邻居到堂作证；带孙文仪当堂对质，出示洛阳王亲笔书谕和司马都告洛阳王之诉状。

在诸多证据面前，洛阳王招认了杀害司马家满门的情由。但他有恃无恐，十分傲慢。质问包公：“我是亲王，你敢把我怎样？”

包公怒道：“‘王子犯法，与庶民同罪’！皇上赐我尚方宝剑，予我先斩后奏之权。来人！抬出龙头铡伺候！”

只见包公手举尚方宝剑，一声令下："铡!"赵王已人头落地。孙文仪亦被用虎头铡处死。

包公即刻进宫，奏明皇上："洛阳王败坏朝纲，强夺民妇，杀害其满门，并掠夺财物，纵火焚屋。民愤极大，罪不容赦。不杀恐激起民变。昨已依法处决。东京监官孙文仪助纣为虐，杀人灭口，亦已正法。"

皇上因包公铡了御弟，心中虽有些不悦，但觉得御弟实在不像话，为了一个女子，竟杀人家全家，让他颜面无光。况且包公有先斩后奏之权，又是秉公依律而断，处治并无不当。皇上只好准奏，并对包公予以嘉勉。

地　窖

河南省汝宁府上蔡县有一位富翁名叫金彦龙，娶妻周氏生了一个儿子取名金本荣，本荣长到25岁，金家为他娶了一房媳妇名叫江玉梅，一家人其乐融融。

一天，金本荣闲来无事上街溜达碰到了一个道士，这金本荣本是个极其迷信的人，看到那道士鹤发童颜仙风道骨就上前去求了一卦，这一求不要紧，那算命先生为赚算命钱胡说他百日之内必有血光之灾，需要远走他乡方能破解。金本荣一听慌忙跑回家里禀告父母要出门到洛阳表哥那里避灾，他父母一听顿时也慌了神，金彦龙说："既然这样，我给你玉连环一对，上好的珍珠一百颗，总价值十万贯钱，你拿去做本钱到你哥哥那里做些小买卖也顺便避一避灾难。"金本荣谢过父亲就去收拾东西，他的妻子江氏听说丈夫要远行，就找到了公婆说：

“本荣他在家时就好酒贪杯经常误事，现在要出远门又带着许多金银珠宝，我怕他在路上出什么差池，不如让我跟他一块儿去，也好有个照应。”金彦龙夫妇一听觉得媳妇说的不错，就让媳妇和儿子一块儿上路了，临走时夫妻二人嘱咐儿子和媳妇说：“你们出去只为避难所以万事要小心，过了百日就赶紧回来，不要在外长时间逗留以免我们担心惦记。”

本荣夫妻二人日夜兼程直奔洛阳而去，这一天马上要进入洛阳城了，忽然听说西夏国王赵元昊兴兵犯界，洛阳城的居民都各自逃难了。本荣听说之后就对妻子说：“看来洛阳城是去不成了，我在家时交过一个叫李中立的朋友，在家时我非常照顾他，他现在在开封府郑州汜水县住，不如我们去投奔他吧。”于是夫妻二人来到了李府，李中立听说金本荣夫妇来了，连忙出来迎接。双方见面自然是亲热的诉说了一些离情别绪，之后中立问本荣为什么来到了开封。本荣是个实心眼儿的人就将自己如何算卦如何离家以及带了多少金银全数告诉了李中立。李中立见江氏年轻貌美又听说金本荣带了很多金银珠宝出来，心里顿时生了贪念打起了坏主意。于是准备了丰盛的酒席热情地款待本荣夫妻俩，还请来了邻居王婆来陪伴江氏，晚上又专门收拾出一间房来给本荣夫妻居住。

就这样金本荣夫妻二人就在李府住了下来，李中立本就没安好心，日日看着貌美如花的江氏和本荣的金银珠宝不免心痒难耐。这一天他找来了仆人李四对他说：“我以前上蔡县做生意时被金本荣骗去了所有的财产，现在他到我家来白吃白喝，你替我把他杀了为我报仇，他身边带了100颗上等的珍珠，要是你替我把他杀了我就分一半给你，你看怎么样？”李四一听心里自然非常高兴，李中立又说：“你把他带到没人的地方杀了，把带血的刀拿回来，再带回他的头巾为凭证，我就把珍珠分你一半，绝无虚言。”两人商量完毕，李中立找到了金本荣对他说：“我有一个小庄院在离这不远的地方，那有一个地窖，里面空间很大，要是真的发生战乱我想我这府第也不安全，到时哥哥你就藏到那个地窖去，我保你平安无事，我让李四带你过去看看。”金本荣一听十分高兴，就和李四一起出了李府，李四将金本荣带到了一个偏僻的地方，拔出了随身携带的尖刀，对金本荣说：“以前你骗了我家主人的钱财，现在他命我杀了你报仇，你死了可不要怪我，要报仇就找我家主人去吧。”说着就拿刀向本荣刺了过来，本荣慌忙逃开，边逃边说：“李四哥，你被你主人骗了，我以前从不曾亏待过他，一定是他看我妻子貌美我又带了很多财物因此起了贪念，你饶我一命我将财宝都给你，救人一命胜造七级浮屠，你就放过我吧！”李四一听心想：杀人终究是重罪，不如让他交出财宝放他一命。于是对金本荣说：“放你可以，但是主人要染血的钢刀，不杀你我要如何交代？”金本荣咬破了舌尖将血喷在了钢刀之上，又解下了自己的头巾和全部的金银珠宝全数交给了李四。

李四拿着刀和钱财回去复命，李中立非常高兴，给了李四不少的奖赏。随后李中立来到了后院找江氏，对她说自己已经杀了她的丈夫，她聪明的话就跟了自己以后荣华富贵享之不尽。江氏一听丈夫遇害悲痛欲绝，然而想到自己腹中胎儿又强打起精神对李中立说："我现在已经怀胎5个月，你要是想让我跟你就让我平安的产下胎儿，到时我再与你做长久夫妻，要是你现在就要强行欺负我，我一定拼死不从。"李中立想：要是江氏生下孩子，我拿孩子做要挟，她就一定不敢再生逃意，于是让王婆陪着江氏住到了山里山神庙旁边待产。

一晃5个月过去了，金本荣的父母在家苦等儿子媳妇归来，却杳无音信。他们十分担心儿子于是出来寻找，正巧江氏刚刚产下麟儿，想到就要和杀夫仇人一起生活不禁悲从中来，带着儿子到山神庙祷告，正好碰上了前来寻找金本荣夫妻俩的金彦龙夫妇，婆媳见面痛哭失声，江氏详细的诉说了丈夫如何被害，自己如何使计拖延，金彦龙夫妇将李中立一状告到了衙门。包公将李中立抓到了衙门，先打了一百大板押入大牢，王婆和李四都来为江氏作证。

再说金本荣被李四放了之后在山中游荡正巧碰到了曾经为他算卦的道士，被道士收留在山上的道观里。后来金本荣下山来到了开封府，见到了妻儿父母，不禁又是一阵痛哭，案子证据确凿，包大人判李中立秋后问斩，将他的财产分给了李四和王婆，并搜出了金本荣的金银珠宝全数物归原主，金本荣合家团圆真可谓是大快人心。

智擒衙内

蒲州有位秀才郭成，幼习诗书，苦读经史，一心想取功名，却屡试不第。父母十分着急，只好另寻门路。原来郭家有一件祖传宝物，是座高半尺、上下两层、八面开窗、雕金镂银的生金阁。此阁微风一吹，便会发出悠扬动听的音乐，是件稀世珍宝。郭父取出宝物，交与郭成，让其前往京城汴梁，寻找熟人，求为引荐，献与皇上，换取一官半职。因为蒲州离京城千余里远，而郭成又从未出过远门，只好由其妻李幼奴陪伴前往，一路照顾起居。

将近京郊，大降大雪，郭成寻一酒店歇息。不曾想，他们在此遇见了京城有名的“恶少”庞衙内。

庞衙内是镇守边关的庞老藩镇的大公子。这天，他带了几个随从游玩，到此店饮酒避雪。这郭成求官心切，听说庞衙内是藩镇、国公之子，喝的酒都是皇上赐的御酒，便动了心。他不听妻子劝说，贸然近前求庞衙内，代为引荐入宫，面圣献宝。

庞衙内听说郭成身带稀世珍宝，又见郭妻年轻貌美，顿起诓骗之心。谎称他常被皇上召见，可带郭成进宫献宝。邀郭成夫妻一同进城，先到他府第，等候面君。郭成信以为真，欣然答应。庞衙内把郭成夫妻哄骗上马，进了京城，引进私邸，命将大门关闭，然后露出真面目，对郭成道："你想当官，我给吏部说一声，便可以让他们给你官做。生金阁不用献皇上，献给我就行了。"郭成将信将疑，不肯撒手。庞衙内命随从从郭成手里夺去装生金阁的匣子，放进库房军里。

强夺了生金阁，贪得无厌的庞衙内还不满足，又对郭成道："你想当官，还得把你娘子送与我做夫人。"

这回，郭成夫妻拒不答应。

庞衙内便命随从将郭成捆了，拖到后院，锁在马棚里，又命丫环婆子挟持着李幼奴沐浴更衣，逼她成婚。李幼奴宁死不从，又骂又哭。庞衙内只好请自己的乳母出面劝说。谁知乳母听了李幼奴哭诉自己和丈夫的遭遇后，十分同情，便责备庞衙内不遵法度，不守人伦。

庞衙内恼羞成怒，天良丧尽，竟命仆人将喂大自己的乳母捆绑，拖到后院井台上，头朝下丢进井里活活淹死。穷凶恶极的庞衙内又命随从将郭成拖来，当着李幼奴的面，用铡刀铡下郭成的头颅，将尸体扔进井里。李幼奴欲投井自尽，被仆人们拽回后打得昏死过去，丢在马棚内。马夫见她可怜，将她救醒，半夜助她逃命。

李幼奴逃出庞府后，躲在京城北门城隍庙里。次日，恰好遇开封府尹包拯奉旨去西北赏军已毕，返回京城，路过城隍庙前。

一见李幼奴披麻戴孝，拦轿喊冤，包公便命将李幼奴带回府衙询问。包公听了李幼奴哭诉冤情后，决心惩凶昭冤，为民除害。但觉此案颇为棘手："庞衙内的父亲是镇守边关的藩镇。他坐镇西北，抗击西夏，战功显赫，被封国公。当今皇上对他十分倚重。欲去国公府拘拿庞衙内，须有皇上圣谕。然证据不到手，皇上不会轻易准允。此案须先取证据后抓人。"

只是如何巧取证据，智擒衙内？包公想出一条妙计。

包公以此番去西北赏军，受到庞老藩镇盛情款待，庞老藩镇嘱包公善待衙内，并托付了一些家事为由，命家人包兴执名帖去庞府，请庞衙内到开封府后堂饮酒一叙。庞衙内见包公如此看重与老父的交情，也想与包公亲近亲近，以求得包公的庇护，便欣然前来赴宴。

席上，包公对庞衙内礼遇有加，频频劝酒。庞衙内开怀畅饮，频频举杯。包公见庞衙内喝到七八分醉时，便编了个稀奇故事，讲给他听："老夫此番西去路上，遇见一件稀世珍宝，乃是一座象牙雕成的玲珑宝塔。凡心诚之人对此塔拜上三拜，塔顶便会放出光芒，有真佛影出现。昨夜归来，与老妻说起宝塔之事。她不相信，说世上绝无此等神奇之物，认为老夫眶她。”

庞衙内正酒酣兴起，口无遮拦，低声言道：“包大人，小官近日也得了一件稀世珍宝，比那宝塔还要神奇呢！”

包公问：“是何等宝物？”庞衙内答道：“乃是一座能奏出仙乐的生金阁。”包公笑道：“你是听了老夫方才说宝塔的稀奇，便编了个生金阁来诓老夫的吧？”庞衙内不知是计，急道：“小官怎敢哄骗包大人。此宝物现在舍下。包大人不信，我可令随从取来观赏。”庞衙内被包公一激，为表白自己不是哄骗包公，即命随从回府取宝。不一会儿，随从取来装生金阁的匣子交给庞衙内。庞衙内取出生金阁，用扇子扇了几下，果然仙乐悠扬。包公叹道：“此生金阁果是稀世珍宝。可否拿到内宅让老妻一观。以证老夫没有诓她，这世上确有神奇之物。”

庞衙内有些不肯，面露难色。包公言道：“内宅不远，衙内如不放心，可派随从捧匣进去，看毕捧回。”

庞衙内怕不答应会引起包公不高兴，只好派两个随从捧着匣子随包兴去内宅。早已领受包公密嘱的包兴领着两个随从进入一个小院，里面站着几名差役。只见包兴忽然厉声说道：“把他两个绑了！”几名差役一拥而上，夺下匣子交给包兴，把二随从捆了个结结实实。

然后包兴到后堂回禀包公与庞衙内：“匣子已送内宅。老夫人正焚香静听呢！”

又听包公对包兴道：“今夜设宴，筵前无歌，去唤个唱曲的来。”

包兴去不多时，领进一名少妇，却不是唱曲的歌女，而是一名孝妇，她手举诉状，大喊冤枉。

包公询问：“你状告何人？有何冤枉？”

那少妇抬起头来，用手一指庞衙内，高声道：“就是他诓骗我夫妻，强夺我家宝物生金阁，威逼我与他成婚，残杀我丈夫郭成。”

庞衙内一见是李幼奴，惊得目瞪口呆。

包公问庞衙内：“可有此事？”庞衙内支支吾吾说不出话来，包公示意包兴出示生金阁。庞衙内见生金阁已落包公之手，到这时方知中了计，只得低头认罪。

包公录了供词，命将庞衙内绑了，关进死囚牢内。又派差役入庞府后院，从井里捞起乳母和郭成尸体，并拘传丫环婆子、随从人等到堂讯问。此案终于人赃俱获，铁证如山。

包公奏明皇上：“庞衙内倚权仗势，诓骗夺宝，逼婚杀人，身犯数罪，罪大恶极，依律判处死刑。”皇上准奏。

包公即日升堂，命提出庞衙内，验明正身，绑赴刑场，斩首示众。

夺子案

开封府祥符县衙吏赵令史，与城里马员外之妻赖五香通奸，被马员外之妾张海棠撞见。赵令史见奸情败露，恐张海棠告知马员外，顿起杀心：他买来砒霜交与赖五香，唆使她毒死马员外、嫁祸张海棠，夺其子以霸产。于是赖玉香偷偷将砒霜放进茶杯内，沏上酽茶，递与马员外饮下。马员外顿觉腹中不适。此时赖玉香急唤正在厨下做饭的张海棠端碗汤来。张海棠赶紧端了一碗热汤递与赖五香，赖玉香忙将热汤端到马员外唇边。马员外喝了一口烫汤，立即吐出，伸手一推，汤碗落地打碎。随后，马员外腹痛难忍，倒地翻滚，顷刻死亡。赖玉香马上找来里正，说马员外喝了张海棠做的汤被毒死。里正急报祥符县衙，称马员外被家人毒死。

祥符县郑知县平素沉湎于金石书法，疏于公务，对于问案，他不胜其烦，只问概要，不究细节，任凭赵令史录写供状、草拟申文、代为过目。这次接到里正急报，他即派赵令史带仵作前去马家验尸。仵作验出茶杯中有砒霜。而赵令史赶写尸单时，却改为汤碗内验出砒霜，然后即回衙报与郑知县，说系张海棠将砒霜投入汤内，马员外饮后致死。郑知县正要命衙役前去拘传张海棠及一干人证到堂，赵令史早已唆使赖玉香扭送张海棠及其孩子来到县衙告状。

郑知县问赖玉香："你状告何人何事？"

赖五香答道："状告张海棠，因奸情败露，毒死亲夫，夺子霸产。"

郑知县问："有何事实、证据？"

赖五香回道："马员外是喝了张海棠做的汤后倒地死亡。另有接生婆柳四婶、剃胎发婆杨二姥可证明孩子是我所生。"

郑知县遂查阅尸单，见上面写明"汤碗内验出砒霜"。与赖玉香所告相符，便命传柳四婶、杨二姥到堂作证。

柳四婶言道："马员外差人唤我去接生。我以前不曾到过马家。不知是哪位奶奶的产房。"

杨二姥言道："马员外唤我去给少爷剃胎发。剃发时是大奶奶抱在怀里。我想孩子是大奶奶生的。"

郑知县认为此案人证书证齐全，遂认定张海棠杀夫夺子，便逼张海棠招供画押。张海棠大喊冤枉。赵令史请郑知县用刑。郑知县命用棒刑，张海棠昏死过去。衙役用水泼醒，张海棠仍喊冤枉。郑知县又命用拶刑，张海棠又昏死过去。郑知县令赵令史将早已拟好的供状扔下堂去，衙役拿起张海棠的手指捺上指印。至此，郑知县便草率结案，以张海棠因奸情败露，毒死亲夫，夺子霸产为由，拟处死刑，秋后问斩，并将孩子和家产判归赖五香。然后郑知县着赵令史备齐文书案卷，呈送开封府审核。

开封府尹包拯仔细审阅了祥符县衙移送的“张海棠毒死亲夫夺子霸产一案”的文书案卷，发现有诸多疑点：“其一，文书称张海棠因奸情败露毒杀亲夫。奸夫是谁？是否审出？卷中未有载明。其二，文书称张海棠强夺赖玉香之子为己子，只有接生婆、剃胎发婆的含糊证词。孩子现已5岁，当知亲娘是谁，为何不让孩子自已辨认？”

包公认为此案事实不清，证据不足。便发下文书，调取原、被告及全部人证，到开封府复审。郑知县接到开封府文书，即派赵令史带两名解差押解张海棠、赖五香及孩子、柳四婶、杨二姥、仵作等前往开封府。

途中，赵令史密唆赖玉香给两名解差各10两银子，让他们用棒殴打、驱赶、拖死张海棠。谁知包公料事如神，为防不测，早派手下暗中跟踪监视，致使他们阴谋未逞。

所有人犯干证带到后，包公即日升堂。在堂上，包公暗思：“此案症结有两个，一是谁毒死马员外，二是孩子是谁亲生，怎样审清此案？”思来想去，包公决定先易后难，先审

“夺子”，后审“杀夫”。

包公问赖玉香：“你说孩子是你所生，有何证据?”

赖五香答道：“有接生婆柳四婶、剃胎发婆杨二姥为证。”

包公命传柳四婶、杨二姥到堂，柳四婶、杨二姥照前供述了一遍。

包公又问张海棠：“你说孩子是你所生，有何证据?”

张海棠言道：“儿是娘身一块肉。母子连心，何用人证，让孩子自己辨认就是。”

包公觉得张海棠言之有理，但是：“一个有证，一个有理，如何判明?”

包公眉头一皱，计上心来。遂命张千取来一钵石灰在堂下画一缸口大的圆圈，让孩子站到灰圈中间。并令赖玉香、张海棠站在灰圈外两边，各执孩子一只手臂。听包公一声令下，便向外拽。谁拽出圈，孩子便是谁亲生。赖玉香不知是计，紧紧抓住孩子细小的手臂，使出全身力气往外拽。张海棠也生怕孩子被赖玉香夺去，不得不用力。二人势均力敌，孩子夹在中间被拽得疼痛难忍，哭叫“娘啊”。

张诲棠如猛受电击，顿时松手，失声哭喊“儿啊”。孩子被赖玉香拽出圈外。赖玉香正暗自得意，以为包公定会将孩子判归与她。不想包公将惊堂木一拍，喝令衙役将赖玉香锁了。

赖五香急道：“老爷刚才言道，谁拽出孩子，孩子就是谁亲生，为何反将我锁了?”

包公正色道："你为贪马家财产，不顾孩子死活，强拉硬拽出圈外，就不怕把孩子胳臂拽断吗？孩子非你所生，已昭然若揭。还不从实招来！"

赖玉香见自己露出破绽，只好承认孩子不是自己所生。

包公责问柳四婶、杨二姥："孩子明明是张海棠所生，你们因何不如实作证？"

柳四婶、杨二姥供认："赖玉香事先给了我们各5两银子，买嘱假证。"

至此，"夺子"一节已然审清，"杀夫"情由便不难查明。

包公转问赖玉香："你告张海棠毒杀亲夫，有何证据？"

赖玉香答道："张海棠在汤内下毒。"

包公问张海棠："汤内有毒无毒？"

张海棠哭道："无毒！"

包公寻思："一个说汤内有毒，一个说汤内无毒。究竟有毒无毒，仵作最为清楚。"

包公命传仵作到堂质证。问道："你在何处验出何毒？如实道来，如有半点虚诓，严惩不贷！"

仵作在包公面前不敢撒谎，如实说明原系在茶杯中验出砒霜，是赵令史改为汤碗内验出砒霜。包公即命张龙将赵令史锁了，追问赵令史为何篡改尸单。赵令史为脱干系，把事情都推到赖玉香身上，说是被赖玉香所蒙骗。

赖玉香急了，大骂赵令史没良心：“不是你勾引，我焉能失身？不是你唆使，我焉能做山杀夫夺子之事？”

然后她便将赵令史如何与她勾搭成奸，被张海棠撞见；又如何出谋划策，叫她毒死马员外、嫁祸张海棠、夺其子以霸产；以及买嘱假匪、私贿解差……一桩桩，一件件，全都抖搂出来了。赵令史见阴谋完全败露，自知抵赖不过，只得从实招认。

此案水落石出。包公判道：“赵令史、赖玉香因奸情败露，毒死本夫，嫁祸于人，夺子霸产，罪行严重。一个主谋，一个主犯，依律处死。着即押赴市曹斩首。”

随即，包公将玩忽职守、渎职枉法的郑知县，革职听参；受贿并企图谋害张海棠的两名解差，发配充军；收礼作假证的杨二姥、柳四婶，杖责20；马家财产尽数判归张海棠母子。

夹底船

苏州府的吴县是一个依山靠水的好地方，很多当地人都依靠为来往的客商摆渡来养家糊口。本来在这民风淳朴的地方应该养育出的都是诚实善良的百姓，但是偏偏有一个叫单贵的船户和他的妹夫叶新却在这江上干起了杀人越货的买卖。

本地知根知底的商人都不会找单贵和叶新做买卖，然而这一天来了个徽州商人路过此地误上了贼船。这徽州商人名叫宁龙带着一名仆人季兴买了上千两银子的绸缎想要往江西去，来到渡口找船家，单贵一看来了个大财主赶紧上前招呼，一番讨价还价之后，搬货上船，启程往江西去。

这单贵和叶新本是没安好心，因此一路上招待殷勤，态度毕恭毕敬，唯恐打草惊蛇。就这样平平安安的走了 5 天，到了第五天晚上，单贵向叶新使了个眼色，叶新便在停船靠岸后买来了很多酒菜，单贵对宁龙说：“这一路走来，宁老板想必也累了，今晚咱们放松放松。”于是四人围坐在一起，你一言我一语，也算是聊了个宾主尽欢，单贵和叶新是频频劝酒，将宁龙主仆二人灌得酩酊大醉。单贵看两人醉得不省人事，于是和叶新两人将船划到了江心，一把将宁龙主仆二人推入江心。季兴本来就不胜酒力再加上水性不好当场呛了两口水之后就沉入了江底，宁龙落水之后也呛了不少水，好在他自小在江边长大熟悉水性，也是他命不该绝，入水后挣扎之中抓到了一块浮木，顺着水流向下游漂去。要说这事情也巧，宁龙漂到了下游，刚好看到一艘大船迎面驶来，于是大喊救命，大船上的人看到有人落水急忙将人救了上来，宁龙一看救他人竟然是他姨娘家的表哥张晋，于是放声痛哭，将自己的遭遇一五一十的告诉了自己的表哥。张晋听完之后怒发冲冠：“这船户也太狠毒了，还有没有王法了，我听说包公包大人正在吴县巡查，咱们去找他告状，一定要将他们绳之以法。”

宁龙他们是如何去找包大人申冤的咱们暂且不提，却说说这单贵、叶新二人，做了一笔大买卖自然是高兴得不得了，可是这么多的货物也不能拿回家啊，必须要找个地方销赃，于是他们在害死宁龙两人的地方换了船，把自己的船藏了起来，将货物运到了南京卖了1300两银子。两个人逍遥了一段时间后准备返程了。

再说宁龙和张晋找到了包大人，把自己的冤屈详细地说了一遍，包大人一听立即派公差到单贵和叶新家抓人，可这俩人正在外逍遥着呢，于是将他们的家小都带回了府衙关了起来，又派谢能、李隽两人沿水路去查访单贵二人的下落。说来也巧，单贵叶新返程去取自己的船时正好碰上了前来查案的谢能和李隽，一打听大家都是同乡，又都往吴县去，于是就让谢、里二人搭自己的船回去。到了吴县，谢能和李隽拿出了镣铐将单贵和叶新锁回了衙门。

包大人在大堂上进行审问："单贵、李新你二人谋害了宁龙主仆二人，你们可知罪?"单贵和李新心想，这宁龙二人已死是谁走漏了风声，又一想，反正死无对证我们宁死不认，就算是包大人也不能奈何得了我们。于是二人大呼冤枉，单贵说："大人，小人实在是冤枉，宁龙主仆不是我们害死的，是船行到了漳湾遇到了强盗，是强盗把他们杀死还抢走了他们的货，小的和叶新也是死里逃生，请大人明察。"这时在后堂听审的宁龙实在是忍不住了冲了出来大喊："你这歹毒的小人，明明是你灌醉了我们主仆，将我们推入江中，要不是我命大，我现在早就葬身鱼腹了，什么遇到了强盗，你才是真正的强盗!"单贵和叶新看到了宁龙吓出了一身冷汗，怎么宁龙居然没死，又一想只要我们咬定是遇到了强盗，他们也没证据。于是单贵说："宁老板，你怎么血口喷人呢?明明是强盗害的你，你怎么偏要赖在我的身上，要是我抢了你的货，那货应该在船上，大人你可以派人去搜。"包公派人到船上去搜，并没有搜出值钱的东西，也没有大额的银两。包公暗暗纳闷，按理说，单贵还没有回家，他们抢的东西一定会在船上，即使卖了也会有银子在船上，为什么船上没有任何的蛛丝马迹呢？

第二天包公将单贵和叶新分开审问，包公先问叶新：“你说是遇到了强盗，那么强盗有多少人，穿的什么衣服你总该记得吧？”叶新犹豫了半天，吞吞吐吐地说：“那夜三更的时候，我们四个都在船上睡觉，突然出现一伙强盗划着船出现，为首的一个人身高有七丈，穿着青色衣服、脸上涂着颜料，后来又来了三艘船将我们团团围住，宁龙主仆看到有贼上船，吓得向船尾跑去，慌乱之中跳进了江里。强盗又过来要杀我，我说我只是船家，而且上有老下有小，苦苦哀求他们，他们才放过我的。”包公点点头，叫叶新先下去，叫来了单贵问了同样的问题，单贵说：“三更时，一群强盗驾着七八只小船将我们团团围住，有一个年轻人身穿红衣，跳上船来一把将宁龙二人扔进了江里，又要把我扔下船，我说‘我不是客商，只是小小的船家’他这才放过了我，宁龙说我们抢了他的东西实在是冤枉啊，我们的命也是捡回来的。”

包公看这两人的口供并不一致，更加肯定了是他们两个人谋财害命，可是赃物到底哪去了呢，他二人并没有回家那么赃物一定还在船上，于是包公亲自带人去查船，来到船上仔细查看并没有发现什么不对劲的地方，于是包公上岸后皱着眉头盯着船看，到底忽略了什么呢？这时包公发现单贵的船旁边停着

别的船家的船只，两只船大小相仿，而且都是空船，但是单贵的船却吃水更深，这说明单贵的船要比旁边的船重，那么单贵的船上一定有东西。于是包公又上船仔细查看，发现单贵的船底比别的船多了一条缝隙，包公命人将船撬开，发现船底居然有一个暗层，里面装了许多财物，包公将那些财物带回衙门让宁龙认领，宁龙说这些财物都是他丢的那些，只有两个新箱子不是他的。包公传来单贵、叶新说："现在人赃并获，你们还有什么话说?"单贵仍然狡辩说："这是别的客人托我捎回的货物，怎么是他的?"宁龙说："你还敢狡辩，我们家的箱子在左侧都有一个鼎字的特殊标记，包大人看看就知道了。"包公命人打开箱子一看，左侧果然有一个鼎字，于是将单贵拖出去重打 60 大板，单贵熬不过大刑，将自己和叶新所犯下的罪行一五一十的招了出来。

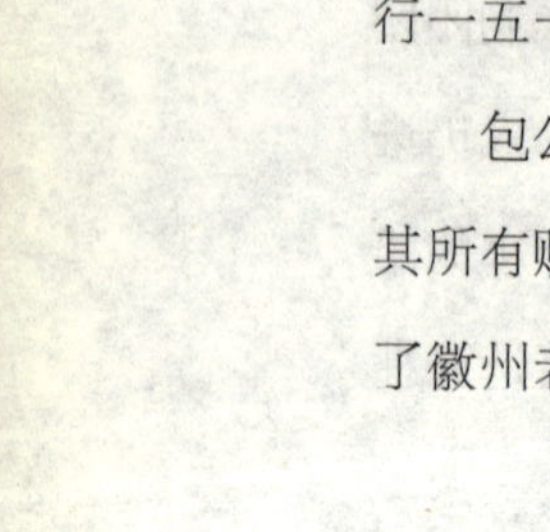

包公将单贵、叶新二人押入了大牢，并判处秋后问斩，将其所有赃物赃款物归原主，宁龙沉冤得雪，带着剩下的财物回了徽州老家。

借　衣

开封府祥符县学生沈良谟有个儿子取名叫沈猷，沈猷和赵庄进士赵士俊家的女儿阿娇定了亲。定亲不到一年良谟家遭了水灾，家资都被水冲走了，从此家道中落，变得一贫如洗。赵士俊知道沈家家道中落就想退亲。阿娇是个贤淑的姑娘，她知道爹爹嫌贫爱富就对母亲说："爹爹已经将我许配给了沈家，我怎么能悔婚另嫁呢?"阿娇的母亲田氏也是个知书达理的大家闺秀，深知女儿的心思，想让女儿早日成亲，可是她也知道沈家现在没有钱准备聘礼，心里暗自着急。这天赵士俊出门办事去了，田氏让人去沈家找到沈猷对他说，让他来赵家一趟准备给他些银两让他做聘礼。沈猷知道了非常高兴，可是想到现在自已身无长物，连件像样的衣服都没有，于是就打算到姑姑家去借件衣服。

沈猷来到了姑姑家，对他的姑姑说：“我是想向表哥借一身儿体面点的衣服去见我的岳母大人。岳父嫌我身无长物想要退婚，所幸岳母大人和小姐怜惜我，岳母找人来传话说让我明天去她府上，她要赠我一些银子和首饰好让我准备聘礼。”姑姑一听自然是高兴万分，急忙找来了儿子的一身新衣裳给沈猷，沈猷谢过姑母转身要走。这时他的表哥王倍走了过来拉住的他的手说：“表弟来了一趟怎么这么一会儿就走呢，不行你得多留几天，哥哥我今天有事要出门明天就回来，回来后我好好陪陪你，你就留下来吧。”沈猷推辞不过被表哥强留了下来。这王倍本是个地痞流氓，平日里也不做什么好事，今天沈猷来时他料想沈猷必是有事相求所以躲在暗处偷听，听到沈猷的岳母要赠他许多银子就生了歹心。留住了沈猷后，他转身出了家门来到了赵府冒充沈猷，赵府的下人将他请进了府里。赵夫人见到他后看到他言辞粗鄙举止粗俗就问他说：“贤婿你本是个读书人，怎么举止言谈如此的粗鲁不堪呢？”王倍撒谎说：“小婿家道中落，居住的是破屋陋宇，突然来到了您这样的豪门府邸难免心慌意乱，所以才忘了进退的礼仪。”赵夫人相信了他的话没有多说什么，给了他 80 多两银子，还有价值上百两的金银珠宝，留他在赵府过夜。当天晚上王倍来到小姐房里，小姐本是认定了沈猷是自己未来的夫婿所以当晚也没有拒绝和王倍行了周公之礼。第二天王倍带着银子离开了赵府，赵夫人还叮嘱他，让他早日下聘前来迎娶小姐。

王倍心满意足地回到了家里又将沈猷留了两日才让他离开，沈猷离开了姑母家直奔赵府而来，下人通报又来了个叫沈猷的，赵夫人慌了神，连忙叫出了女儿把沈猷叫了进来。母女俩详细的询问了沈猷家里的事情，沈猷一一答上，母女俩方知上当受骗了。阿娇隔着帘子问沈猷："让你前日来，你为什么今天才来？"沈猷说："小生前日突然生了一场小病所以耽搁了。"阿娇悲切的说："你早来三日我早就成了你的妻子，你来迟了，是你我无缘了。"沈猷不知前因只当是赵家母女后悔了，因此生气地说："令堂前天派人来说要赠我金银迎娶小姐过府，现在想反悔，金银我可以不要，但是你不要用我来迟了做借口。我要是不同意与你解除婚约，你也无法另嫁他人。就算过了10年20年你也还是我的妻子！"说完转身就要走。阿娇叫住他说："你我本应是一对人人称羡的好夫妻，奈何天意弄人。我希望你以后能娶一位贤良淑德的好妻子，念在咱们有过白首之盟我赠你金钿一对，金钗两支给你读书吧，如果你我有缘希望来世能够有缘和你做一对真正的夫妻。"沈猷说："小姐为何说出这样犹如诀别的话来，难道赠我这些东西是为了要与我退婚吗？即使是你父亲要退婚，我不答应，他又能如何？"阿娇说："送你金银并不是为了与你退亲，明天你就会知道事情的真相了，现在你快拿着这些东西走吧，走晚了我怕会连累你。"说完小姐头也不回的进了内室。沈猷不明白小姐既然对自己有情，为何又说出如此绝情的话来，于是在大堂上

端坐不肯离开。过了一会儿，丫鬟惊慌地来报阿娇小姐在自己房里上吊死了。沈猷不敢相信，进入内堂查看，看到赵夫人抱着小姐的尸体痛哭失声，沈猷也悲痛得泪如雨下。赵夫人对他说：“我女儿今生与你无缘，你快快离去吧。”

于是沈猷离开了赵府回到了姑姑家，将衣服还给了姑姑并且将在赵府发生的事告诉了姑姑。姑姑猜到一定是自己的儿子冒充侄儿去了赵府玷污赵府的小姐，小姐性格刚烈知道了真相后羞愧自杀了。姑姑心里愧疚万分一病不起，过了几天居然魂归西天。王倍的妻子游氏貌美如花、贤良淑德，她知道了自己的丈夫做了如此缺德的事骂道：“你这猪狗不如的东西，你既然骗了她的银子为什么还要玷污人家的清白？像你这样的禽兽我不愿做你的妻子，你给我一封休书让我回家吧。”王倍说：“我银子多的是，害怕没有媳妇吗？现在我就休了你！”

几个月后赵士俊回家了，发现自己的宝贝女儿居然死了，悲痛不已。查问女儿的死因，赵夫人说：“咱们女儿心高气傲，那天沈女婿来求亲，她看到女婿衣衫褴褛就没有出来见面，女婿走后她觉得非常羞愧就上吊自杀了。”赵士俊不肯相信说：“昔日里我要和那沈猷退婚，你和女儿还不答应，现在他害死了我的女儿，我一定不会与他善罢甘休。”于是赵士俊将沈猷告上了衙门，赵士俊财大气粗，买通了官府，将沈猷抓进了大牢，判了个秋后问斩。

眼看着问斩之期就要到了，赵士俊给包公写了封信求他尽

速将沈猷处决，赵夫人也给包大人写了一封信求包大人不要杀沈猷。包公看了书信深感奇怪：这夫妻俩，怎么一个让尽快杀，一个却说不能杀呢，这其中一定另有隐情。于是包公提审沈猷，沈猷将事情的经过详细的告诉了包大人，包公猜想必定是王倍冒充沈猷去沈家骗了钱财不说，还玷污了小姐的清白，可是苦无证据。包公思索半日，设下一计，命人装扮成卖布的小贩来到了王倍家，王倍相中了两匹布，小贩故意抬高价钱，王倍说布贵。小贩对王倍做出鄙夷之色说："买不起就别看！"王倍说："就这么两匹破布我有什么买不起的，大爷我有的是钱。"于是转身回屋去取银子，银子只有七八十两，他想到从赵家骗来的金银首饰就拿着首饰出来对小贩说："我现银没有那么多，用首饰来抵怎么样。"小贩说："我这两匹布急着出手，首饰就首饰吧。"于是将布给了王倍，把首饰带回了府衙交给了包大人。包大人命人找来了赵士俊认领首饰，赵士俊认出这首饰是女儿生前之物就问包大人首饰从何而来，包大人说："害死你女儿的真凶已经找到了。"于是派人抓来了王倍严刑拷打，王倍如实招认，包公命人杖责 60，当场将王倍打死了。

赵士俊含恨说道："王倍如此可恶，害死了我的女儿，害我女婿无辜入狱，我要追回所有被他骗走的银子，让他妻子也老死在狱中。"这时游氏听说王倍伏法，拿来了他写给自己的休书对包大人说："妾身知道丈夫多行不义，所以自行求去，现有休书为证。”包大人将休书给赵士俊看，赵夫人说：“这女子知丈夫为人龌龊主动求去，可见她也是个贤德的女子，现在我刚刚失去女儿，我看她很合我的眼缘不如让我认她当我的干女儿，让沈猷入赘我家可好。”赵士俊也点头称好。包大人征询了游氏和沈猷的意见，两人都欣然同意，于是赵府收了游氏做干女儿，沈猷入赘赵家。

骗 马

从前河南省开封府南乡有一个大户人家，主人叫富仁，他的家里养了一匹价值连城的千里马。一天，富仁骑着这匹马到外面去收租子，到了收租的地方他觉得自己的马十分珍贵放在外面不放心，就命令仆人兴福先将马送回家里去。兴福骑上马回家，正午天气炎热，走到一棵大树下兴福下马休息，刚在大树下坐下休息吃些干粮，从东边来了一个骑了一匹瘦骡子的汉子，那汉子看见兴福在树下休息就停了下来也来到了树荫下休息。

那汉子看兴福是个老实忠厚的人觉得他一定很好骗就跟兴福搭话说："大哥您这是打哪来啊？"兴福也没多想就回答说："我跟随主人出来收租子，现在要回家了。"那汉子又问："那您府上是哪里啊？"兴福回答说："我是南乡来的。"那汉子又

说："我也是从南乡来的，出来做点小买卖。"就这样两人你一言我一语的聊得十分投机。那汉子对兴福说："我看大哥您骑的这匹马不错，想必不便宜吧。"兴福说："怎么兄弟你会相马吗？前几日我家主人花了重金买下这匹马，说是非常名贵的马呢，这不也是因为将马放在外面不放心让我先将马送回家去。"那汉子说："我早前做过贩马的生意，所以能够分得出马的好坏，大哥你要是信得过我，让我试一试这匹马好到什么程度，也看看你家主人有没有花冤枉钱。"兴福本来就是个实心眼儿的人，一听根本没往坏处想就将缰绳交给了那人，那汉子飞身上马胯下一用力马像离弦的飞箭一样转眼间不见了踪影。兴福傻傻地站在原地看着地上留下的一阵尘土好半天不见那人将马骑回来，这才反应过来上当了，大呼一声上当赶紧骑上那人留下的瘦骡子去追赶，可哪里追得上啊，追了四五里之后，瘦骡子累得直吐白沫，可是自已主人的马和那汉子早就不见了踪影，兴福真是后悔莫及，只能垂头丧气地拉着那匹瘦骡子回到了主人家去向主人领罪了。

到了晚上富仁回到家里，听说兴福丢了宝马气的七窍生烟火冒三丈，将兴福狠狠的责打了一顿，让他牵着那匹瘦骡子到包公那里去告状。包公听完了兴福的话心里不禁被老实的兴福逗得哈哈大笑，心想：这人也太老实忠厚，这样的人如果因为坏人的欺骗而受到惩罚也实在是说不过去了。于是包公想了一个办法他对兴福说："你先回去吧，3 天后再来，能不能找回你主人的马就要看你的造化如何了。”兴福走后包公让张龙将那匹瘦骡子牵到后院的马厩去，吩咐张龙说：“你切记这3天之内千万不要给它吃任何东西，就稍稍给它些水喝就行。”张龙依照包大人的吩咐果然3天没有给那骡子喂食，那骡子饿得嘶叫不止，到了第三天那骡子饿得似乎奄奄一息了。兴福来到了府衙，包大人命人牵出那匹骡子，让兴福和张龙带着它出城并且告诉他们说：“你们将这匹骡子牵到当日被骗走马的那棵大树下，然后解开缰绳让它自己走你们在后面跟着，如果它要吃草就用鞭子把它驱赶开。”兴福和张龙依计而行。

那骡子出了城后自己像是有要去的地方直奔着东方而去，兴福和张龙在后面跟着，遇到水草丰美的地方骡子要去吃草，他们就用鞭子抽打它不让它吃，骡子吃不到草只好拼命地向前飞奔。走了四十多里路来到一个叫黄浪村的地方，那骡子异常兴奋直打响鼻奔着一所瓦房跑了过去，撞开了木门进入马棚里长鸣不止。屋里走出一个人来，兴福仔细一看正是那天骗走自己马的人，那人看见自家的马回来了非常高兴，仔细查看了一下左右无人走过去亲热地搂住马的脖子拿起草料来喂马。兴福忍耐不住刚要冲出去张龙拉住了他告诉他先不要声张，过了一会儿只见那人从后院里牵出一匹毛色光亮的马到山中放养。张龙这时拉出兴福前去指认，兴福一看那马就认出它是自己被骗走的那匹，于是走过去拉住马缰，那人要过来争夺被张龙一把抓住带回了府衙。

包公亲自审问，这人叫黄洪是黄浪村的村民，那天出门看到兴福牵了匹好马就想将马骗走，没想到兴福真的老实可欺让他非常容易的就将马骗到了手。包公审问完毕命人命人将黄洪拖出去杖责七十以儆效尤，将他的那匹瘦骡子没收充公以示惩罚；另外兴福保管主人物品不当以致被骗，但念在他老实善良只是让主人罚他一个月的月俸，并且让他将主人的马完璧归赵；做坏事的人终将受到惩罚，而诚实善良的好人终将好心会有好报，也可以说是大快人心！

三 娘 子

广东潮州府揭阳县有个叫赵信的人和周义是好朋友，两个人经常在一起做买卖，一天周义和赵信约好要去京城买布，事先定好了艄公张潮的船，约好第二天两人一起前往京城。

第二天一大早赵信就出门了，临出门时赵信的妻子三娘子还嘱咐他要路上小心，早些回来。天亮时，周义来了，连声叫艄公，张潮半天才起来。一块儿吃了早饭，周义见赵信还没来，就让张潮到赵家去催。张潮来到了赵信家喊了半天，赵信的妻子三娘子因为早上早起给丈夫做饭，等丈夫走了就又回去睡了，所以张潮喊了半天三娘子才出来开门。张潮问三娘子说：“你家官人昨天和周官人约好了今天一块儿出门，现在周官人已经等了半天，怎么你家官人还没来呀？”三娘子大惊失色说道：“我丈夫今天早早的就出门了，怎么还没到江边吗？”

张潮回去告诉了周义，周义也大惊连忙回到了赵家和三娘子一起寻找赵信的下落，可是整整找了3天，一点儿线索也没有。周义心里暗想：大家都知道我和赵信一起做买卖，那天是我和他约好一起进京也是众所周知的是，如今赵信下落不明生死未卜，要是他家人追究起来那第一个被怀疑的就是我，于是周义主动来到了县衙报案，另外带来了艄公张潮，左右邻居赵质、赵协和三娘子一起来作证。

知县朱一明审理这件案子，他先审问三娘子，三娘子说："赵信说第二天早上要早点出门做生意，早上他吃过早饭就出门了，后来发生什么事我就不知道了，还望大人为我做主，找到我家相公。"第二个审问的是艄公张潮，张潮说："前几天周义和赵信一起来租船约好第二天一起出发去京城，第二天周义来了可是赵信还没到，旁边的十几条船都可以作证，周义让我去赵家招人，我到了赵家连喊多声三娘子，半天三娘子才来开门。"又审问左右邻居，邻居都说："赵信要出门做买卖，他的妻子三娘子好像不让他去，两人在夜里还吵了起来，第二天也没有看到赵信出门。"知县又对周义说："你和赵信出门做生意，你一定知道他身上带有银两，一定是你谋财害命反而恶人先告状。"周义说："赵信和我身材一样高大，我一个人怎么能杀得了他，再说我杀了他那尸体呢，我怎么能毁尸灭迹？再说我和赵信是非常好的朋友，我家又比他家富裕，我犯得着谋取他的那点钱财吗？"三娘子也说："我丈夫和周义是好朋友，一定不是他害了我丈夫。一定是我丈夫先到江边，艄公见我丈夫带着许多银两，见财起意谋害了我的丈夫。”张潮说：“我们的船十几艘都停在岸边，要是我害了他大家都能看见，再说是周相公来叫我我才起来大家都看见的，三娘子说她丈夫早早就出门了，可是邻居并没看见，一定是她不想让丈夫出门两人吵架，她害死了自己的丈夫。”于是朱知县对三娘子严刑拷打，三娘子一介女流怎能经得起酷刑的折磨，心里想：我丈夫定是被人害了，我活着还有什么意思不如陪他一起去死，到了阴间也好有个伴儿。屈打成招说赵信是自己杀死的，朱知县问她将尸体藏在哪了，三娘子乃是屈打成招哪里知道尸体在哪，于是说：“人是我杀的，我就一命抵一命，你还问尸体做什么。”

案子完结，朱知县判三娘子秋后问斩。那时凡是判死刑的案件都要经由大理寺审批，当时大理寺左任事杨清是一个非常聪明的人，极有见识，他看到这件案子的卷宗，从大家的口供中看出了问题在批文上写道：“敲门便叫三娘子，定知房内已无夫。”一句话便勘破杀人者是艄公张潮，将案子发回重审。那年正赶上包公巡查广东，包公找来张潮问他：“周义让你去找赵信，你到了赵家应该喊赵信，为什么直接喊三娘子？你一定早知道赵信已死，所以你就直接喊三娘子，是也不是？”张潮听完哑口无言，包公又说：“明明是你谋财害命，反而诬告他人，你该当何罪？”张潮开始并不承认，包公命人杖责30，还不承认，又上了夹棍张潮仍不承认，包公找来了当时船上的水手，没有审问直接打了 40 大板，并对他说："张潮已经招认了是你害死了赵信，你认不认罪。"水手说："分明是张潮见赵信一人前来，身怀巨款，看到四下无人将船撑到了水深处，害死了赵信拿了银子，将赵信的尸体推入江中，然后撑船回到岸边假装睡觉，等到周义来了谎称赵信并没有上船，是张潮杀了赵信。"直到此时真相才大白于天下，三娘子无罪释放，张潮斩立决。

桑林镇

包公一生审过的冤案无数，但是除了下面这一桩外再没有哪一桩案子能让他心惊胆战，以致多年后仍然记忆犹新。那是发生在包公放粮赈灾的路上的一件案子。一天包公路过桑林镇，天黑了就在桑林镇休息过夜。包公的习惯总是走到哪就将自己的衙门设在哪，这天他命手下的官差传令下去说：包大人今晚夜宿东岳庙，大家若有冤情都可以来东岳庙申冤。此令一出整个桑林镇都欢腾起来，大家都纷纷涌到东岳庙来一睹包大人的风采。

这时一个要饭的婆子挤开众人来到了包公面前，这婆子衣衫褴褛，双目失明。包公看她可怜便开口问道："老人家你叫什么名字，从哪里来，有什么冤情。"哪知这老婆子一听包大人说话就开口喝道："放肆，你竟敢问我的名字，要知道随便说我的名字可是死罪。”包大人笑着问：“哦？这是为什么呢?”那婆子说：“我的身世冤情只有包公能审，其他人没有资格问也问不得。”包大人说：“老人家你见过包公吗？凭什么判断哪个是真的包公呢?”老婆子说：“我自有办法，你把头低下来。”包公走过去，低下头，只见那婆子在包公脖子后面摸了半天口中喃喃说：“果然有个肉块，是真包公。”说着说着突然伸手狠狠地打了包公两个耳光，左右的官差顿时大惊失色刚要上前制止，包公摆了摆手说：“老人家，现在你有什么冤屈可以说了吧。”那老婆子又说：“这件事关系重大，我只能说给你一个人听，你让他们都下去。”包公屏退了左右，那老婆子突然痛哭失声说道：“我是亳州亳水县人士，我的父亲名叫李宗华。”说到这里包公突然大惊失色，只因这李宗华是前朝李贵妃父亲的名号，难道世上竟真有如此巧合的事？只见那婆子苦笑着说：“你想的没错，我就是真宗从太清宫娶回的李贵妃。”包公听完不禁眉头深锁，这可关系到皇家机密，于是他就请老婆子详细的把事情说清楚。老婆子说：“我入宫后不久就和刘贵妃，也就是当朝皇太后一起怀了身孕。我于太平二年三月初三生下了一个男孩也就是当时的储君，而刘妃也在同一天生下了一个公主。她怕我母凭子贵就买通了太监郭槐将我的儿子换成了女儿，我当时气虚体弱抱着公主下地去争夺我的儿子，哪知一个不小心竟然将公主摔在了地上摔死了，皇上大怒将我打入冷宫，从此我不见天日。当时张院子知道这件

事情就想要为我申冤，哪知事情败露张院子被郭槐和刘贵妃害死并且连累了他家 18 口全部命丧黄泉，直到当今皇上继位大赦天下，我才被从冷宫放了出来，可怜我虽为皇上的亲生母亲，奈何皇上已经认了刘贵妃做娘，我申冤无门，只能来到这桑林镇讨饭，等待机会。如今包爱卿你到了桑林镇也算是老天待我不薄。”包公听完沉吟半晌说：“此事关系重大，您可有什么证据证明你才是皇上的亲生母亲？”老婆子说：“皇上出生时双手紧握成拳，宫女们轻轻掰开看到皇上左手为山河，右手为社稷。”包公听了连忙跪倒大呼：“娘娘千岁，千千岁，之前不知道娘娘身份有怠慢之处还请娘娘恕罪。这件事情臣一定会查个水落石出。”

包公回到了京城觐见皇上，皇上问他沿路赈灾可发生什么稀奇事儿，包公说：“回来的路上遇到了一个道士哭了三天三夜，臣上前问他发生了什么事，他居然说‘山河社稷倒了’，臣就问他为什么说山河社稷倒了，他说‘当今没有真天子，所以山河社稷倒了。’”皇上听完大笑着说：“这是哪来的道士居然满口胡话，朕左手握着山河，右手擎着社稷，怎么就不是真天子了呢？”包公说：“皇上可否让微臣见识一下真龙的印记。”皇上摊开手心让包公和众臣看个仔细，果然左手有山河，右手有社稷。大臣们都跪倒山呼万岁，只有包公叹息着说：“可惜呀，可惜，真命天子居然做了草头王，名不正言不顺。”皇上大怒说：“我乃是真宗亲自传位，自从当政以来从没有做过错事，包卿为何说我是草头王？”包公说：“陛下既是真命天子，为什么不认自己的亲生母亲，如此不孝之人又如何为一国之君？”仁宗大怒说：“我的亲生母亲就是当朝的刘太后，你怎么说我不认亲母。”包公说：“臣已经查的十分清楚，皇上您的亲生母亲另有其人，前朝的李贵妃才是陛下的生身之母。”皇上听完顿时大惊失色，让包公把事情的始末一一道来。初时皇上并不相信，等包公说到用公主换了储君一事时，皇上想起儿时听过的宫中李贵妃杀死自己女儿的传闻不禁信了五分，当听到那老婆子竟然知道自己左手握山河，右手擎社稷时不由得信了七八分，然而这件事情兹事体大，皇上便将他交给御史王材仔细的审理这件案子。

王材将案子的关键人物郭槐带到了衙门审问，郭槐死不承认。刘太后知道了这件事唯恐事情败露就派了一个姓徐的太监拿了很多的金银珠宝来贿赂王材，这王材又是个贪赃枉法的主儿，一见这么多的金银珠宝恨不得将自己的姓都忘了，于是草草地结了案。包公料到刘贵妃必然会派人来打探消息就突袭了王材的府邸，果然看到许多的金银珠宝，就把它们带回去交给了皇上，皇上一见龙颜大怒，心想：这刘太后要真是我的亲生母亲，又怎么会前来贿赂王材呢？于是命包公仔细查案，包公夜审郭槐并且用了刑，可是郭槐就是死不承认，包公计上心来。他命两个牢中的监军买了酒肉来与郭槐喝酒并对郭槐说：“刘娘娘说了，只要你挺住不说出当年的事，以后必有重谢。”

郭槐说："请娘娘放心，我一定会为她保守秘密绝对不会说出去的。"包公看郭槐还是知道当年的事只不过不肯说于是动了大刑，郭槐受不过大刑只得招供，可是第二天到了大殿对峙时郭槐又大呼冤枉，说包公屈打成招。

没办法包公只得又将他押入大牢，第二天包公将郭槐吊在了张家的院子里直到黄昏都没有给他一点吃的喝的，渐渐的郭槐进入了昏迷状态，突然他被一阵鬼哭狼嚎惊醒，放眼望去自己居然到了阎罗殿，阎罗王就坐在殿上，下面两排鬼差青面獠牙十分吓人，这时听见阎王说："张家18口该不该死？"鬼差答道："他们阳寿已尽，确实该死。"阎王又问："那这个郭槐该死吗？"鬼差说："这郭槐阳寿未尽，还有8年的好命呢。"郭槐听见忙说："阎王大人，您要是能帮我度过这场大难我一定不会忘记您的大恩大德，等我回去一定禀告刘太后，让她为您塑个金身，每日供奉。"阎王说："只要你将当年的事详细的告诉我，我就放你回去。"郭槐将当年的事情一一道来，只听一声大喝："郭槐恶贼，你看看我是谁？"郭槐抬头一看，哪来的阎王鬼差，坐在大殿上的居然是皇上，郭槐自知死期将至瘫坐在地不再狡辩，俯首认罪，只求速死。

皇上起驾回宫风光地迎接李娘娘回宫，赐刘娘娘三尺白绫送她魂归千里。这真是真的假不了，假的真不了，皇上的娘都能以假乱真数年，也可谓是一大奇案了。

杀假僧

佛家常说：种什么样的因就会收什么样的果。东京城的大牢里关着一名洛州来的和尚，这出家人本应慈悲为怀，而这和尚又是犯了什么事被关押在这死囚的牢里呢？

这故事就要从几天前说起，这和尚法号叫道隆本是洛州崔玉峰大悲寺的四方游走的和尚，来到了东京城化缘，走到东京城董家时天色已晚，于是请求董老爷借宿一晚，这董老爷也是个慈悲之人就收留了和尚过夜。没料想第二天天亮时遍寻不着和尚而且董家的儿媳也不见了踪影，大家四处寻找直到中午也没找到，董老爷来到了儿媳的房内发现房里值钱的东西都不见了，便猜测是和尚拐了自家的儿媳私奔了，正在捶胸顿足之时下人来报说是找到和尚了。大家来到了厕所旁的枯井边，发现和尚掉入了枯井之中大喊救命，大家七手八脚地将和尚拉了上来，和尚上来后说枯井下还有一妇人已经气绝身亡。大家将妇人打捞上来发现竟然是董家的儿媳，董老爷一纸诉状将道隆和尚告进了官府，说他拐带良家妇女，而且谋财害命。县老爷升堂问案，和尚说自己是晚上起来要去茅房，由于不认识路不小心掉进了枯井之中，而且掉进去时就发现董家儿媳已经死在了枯井之中，绝无拐带妇女、谋财害命之事。知县认为和尚说谎，认定了和尚是拐带不成心生歹念，而董家儿媳挣扎之时将和尚也拽入了枯井中，和尚拒不认罪。知县严刑逼供，和尚无法忍受重刑只好认罪，被关押在死牢之中等待秋后问斩。

包公听说了这件事来到牢里问和尚："你说自己是冤枉的，为什么又要认罪呢？"和尚说："佛家讲究因果循环，我前生一定是欠下了董家儿媳的死债，因此这辈子是来还债的，还有什么可争辩的呢。"包公回到府衙后仔细的分析事情的前因后果，觉得和尚是洛州的而且初来乍到，怎么能和董家儿媳约好私奔呢？这其中一定另有隐情，必是这和尚做了别人的替死鬼。于是包公暂缓了和尚的死刑，苦思破案的计谋。

包公命牢房里的牢头找一名十恶不赦的死囚，偷偷的把他的头发剃光了，冒充和尚，并且将他押到菜市口斩首示众。说他是洛州大悲寺的和尚，因为谋杀了董家的儿媳，今天将他就地正法，以正民心。然后派了很多差役化装成百姓四处去探听，看看百姓对这件事有什么看法。有一名差役出城30里在一个茶店里休息，听见一位老婆婆问："前几天董家的儿媳被杀，凶手找到了吗？”旁边的人回答说：“你还不知道吗，董家的儿媳是被一个和尚杀害的，哎这世道也不知是怎么了，连和尚都干起了谋财害命的勾当了。”老婆婆听了捶胸顿足地说：“这和尚冤死了！”差役一听忙上前问老婆婆为什么说和尚死得冤枉。老婆婆说：“离着不远有一个叫孙宽的艄公与董家来往密切，和董家的儿媳早有奸情，董家儿媳死后他家生活突然宽裕起来，这件事十有八九是他干的，那和尚是做了替死鬼了。”差役回去后将这件事情详细的禀告给了包大人。

包大人命官差将孙宽押到了府衙，问他董家儿媳遇害一事，孙宽拒不承认，只说这件事和他没有关系。包公笑着对他说：“你放心，董家儿媳的案子已经结了，和尚已经伏法，自古以来都是一命还一命，哪有死了一个人要两个人偿命的道理。只不过董家丢了很多金银首饰，董老爷只不过想找到这些金银首饰，你要是捡到了就还给他，他还要重谢你呢。”孙宽一听连忙说董家曾经将一些金银首饰寄放在他家里，他现在就回家取出还给董老爷。孙宽取来首饰后包公让董老爷来人果然是董家儿媳被杀时发现丢失的东西，包公命人找来茶馆里的老婆婆作证，孙宽还是抵死不认。包公命人大刑伺候，孙宽受刑不过，交待了自己的罪行。

原来这董老爷的大儿子名叫董顺娶了东城茶肆杨家的女儿为妻，这杨氏长的十分漂亮，刚嫁到董家时非常贤惠孝顺公婆，夫妻感情也很好，就是有些轻浮。而董顺又经常外出做买卖，有时一个月回来一次，有时两个月回来一次。孙宽是一名艄公和董家素来有来往，经常在董家的店里出入，慢慢的和杨氏熟悉经常嘻嘻笑闹，一点儿都不顾及礼数，一来二去，就和杨氏日久生情，做出了苟且之事，俨然以夫妇自居。前几天董顺又出外经商，孙宽又来与杨氏厮混，他对杨氏说："咱们两个偷偷摸摸的终究不是长久之计，万一被人发现，我们就死定了，不如趁没人发现咱们卷一些金银首饰私奔，我也想和你长相厮守，做一对名正言顺的夫妻。"杨氏早有此意，于是两人约好了十一月二十一日二更时分私奔，这天晚上孙宽按约好的时间前来叫门，杨氏收拾了许多首饰和孙宽准备私奔，可是天公不做美下起了蒙蒙细雨，路滑难走，杨氏看看天气心里十分害怕就对孙宽说："咱们还是改天挑个好日子再走吧，这大雨天太危险了。"孙宽想：今天要是不走，万一事情败露岂不是赔了夫人又折兵，他看到杨氏的包袱里装了许多值钱的首饰，于是贪从心中起恶向胆边生，拔刀将杨氏杀死，拿走了她的包袱并将杨氏的尸体扔到的枯井中，趁着夜色逃回家中。说来也巧正赶上道隆和尚半夜起来上厕所掉进了枯井中成了孙宽的替死鬼。

也是道隆和尚命不该绝遇到了明察秋毫的包大人，这才使得一场冤案得以昭雪。也借此劝告那些不守妇道的妇人，枉顾道德与人私会的人又怎会是值得托付终身的良人呢。

审遗嘱

京城里有一位叫翁健的老者，为人乐善好施，轻财重义。邻里宗族之间无论谁有困难他都会主动帮忙；有人打架斗殴，他从中劝解；要是遇到严重的要闹到官府的，他从中斡旋调和。可以说他在当地是一位德高望重、人人都十分尊重的长者。可惜的是这位老人家活到了 78 岁膝下无子只有一个女儿名叫瑞娘。没有儿子传宗接代在古代是一件很严重的事情，因此翁健一直因为这事情有些遗憾。

翁健的女儿瑞娘嫁了个丈夫叫杨庆，这杨庆是个狡猾的人而且十分贪财，他看岳父家里没有儿子，心里早就开始惦记岳父的万贯家财。每次在酒席上多喝点酒就四处跟人炫耀说："我老岳父的万贯家财，在他百年之后都是我的了。"有人笑他吹牛，他就说"我岳父都这么大年纪了，注定是命中没儿子了。自古以来这家产都是有儿子就归儿子，没儿子自然就归女儿了，归了女儿不就等于进了我的口袋了吗？”后来这话传到了翁健的耳朵里，翁健心里很不是滋味，但是想到女婿说的也是事实，因此只能当做不知道这件事情。乡里看到翁健为人这么善良忠厚却没有儿子能为他养老送终，未免都替他觉得遗憾，大家都说：“像翁老这么好的人没有儿子，老天爷真是太不公平了。”

说来也巧，两年后翁健 80 岁这一年，翁老先生的妻子林氏居然怀孕了，并且为翁老生了个白白胖胖的大胖小子取名翁龙。翁老自然是疼爱万分，唯恐儿子受半点委屈。乡亲邻里都纷纷来祝贺都说好人总算是有好报了。只有杨庆虽然嘴上说着恭喜的话，脸上装着笑容可是内心却暗藏杀机。翁健深知自己年岁已大，生命恐怕就要走到尽头，儿子尚且年幼，万一自己离世那自己的儿子也就生死难测了。苦思良策，他想到了兵法有云：要想取之必先与之。过了 3 个月翁健一病不起，这时他将女婿叫到了自己的床前说：“我这一生只有一子一女，本想指着儿子保全我的家业，但是他年纪尚小看来是指不上了。所以我决定将我的全部财产都交给你管，我已经写好遗嘱了，现在就念给你听：80 老人生一子，人言非我子也，家业田园尽付与女婿，外人不得争执。”就是说：我这 80 岁的老翁生了一个儿子，大家都说这不是我的亲生儿子，所以我的所有家产田园都给我的女婿，外人不许与他争夺。杨庆听完岳父的遗嘱非常高兴，将遗嘱藏在了抽屉里，开始尽心尽力地为岳父打理家业。不久之后，翁老死了，他的所有家业都落入了女婿杨庆的手里。

一转眼20年过去了，翁龙已经长大成人早已明白了人情世故，心里暗想：这偌大的家业都应该是我父亲留给我的，现在居然被一个外人霸占，我是翁家的嫡亲血脉，这产业本应是我的。于是就托亲戚跟姐夫说，想要回自己的产业。杨庆大怒说："这家产是岳父亲手交给我的，况且岳父说了那小子跟本不是他的亲骨肉，他有什么资格和我争夺财产？"翁龙不服于是将杨庆告到了官府，打了很多次官司，因为杨庆有遗嘱在手所以每次都判翁龙输。翁龙心里无论如何也咽不下这口气。

这时包公正好在京城，翁龙就写了一张状纸告到了包大人那，包大人将杨庆抓到衙门审问："你为什么强占翁龙的财产？"杨庆说："这家产是我的岳父留给我的，跟翁龙一点关系都没有。"包公说："翁龙是他亲子，你只不过是女婿，不管怎么说也是你是外人啊！"杨庆说："我岳父的遗嘱上写的清清楚楚，财产都留给我，翁龙他不是我老岳父的亲骨肉，因此他没有资格跟我争夺，我有遗嘱为证。"包公结果遗嘱仔细查看，看完后哈哈大笑说："你理解错了，那遗嘱应该是这么念的：80老人生一子，人言非，我子也，家业田园尽付。女婿外人不得争执。"翻译过来的意思是说：我这80岁的老翁生了一个儿子，大家说的不对，他是我的亲生儿子，我的家产田园都留给他，女婿是个外人不得与我儿子争夺。原来古代的文字是没有标点符号的，全凭你自己的理解来断句，当时翁老为了迷惑女婿将遗嘱按女婿希望的意思断开，其实他自己的意愿就藏在这遗嘱之中，只等遇到一个像包公这样智慧的人来还给自己儿子一个公道。杨庆听完顿时傻了眼，原来这遗嘱中居然还有另一层含义，那自己这么多年来苦心经营岂不是为他人做了嫁衣裳。这真是偷鸡不成蚀把米，他 20 年苦心经营结果只是为翁龙做牛做马，不过这也是他咎由自取，谁让他贪心呢！于是包公按翁老先生的遗嘱将所有财产全数判给了翁龙，一时间杨庆为他人做嫁衣裳的事情成为街头巷尾流传的一则笑话。这真是命里有时终须有，命里无时莫强求！

石碑

包公断案严谨公正是出了名的，但是今天却出了一件怪事，一向智慧果断的包大人居然因为找不到真正的犯人，而将衙门口的石碑扛进了府衙动了大刑，先是打了 20 大板，让石碑交代是否偷了客人的布。这石碑又不是活物自然不会开口说话，围观的百姓议论纷纷，心想这包大人不会是每天审案审得神志不清了吧，因此很多人在府衙外围观，看看究竟发生了什么事。打了石碑 20 大板之后包大人好像还不解气，上前将石碑大骂了一顿："你这贼石碑居然敢偷客人的布，快说将布藏在哪了？"石碑一动不动自然还是一言不发，旁边有些围观的百姓偷偷地笑了起来，看了一会儿觉得无趣有一部分人就离开了。

包大人骂完了石碑就命令手下人继续对石碑用刑，又打了

20 大板后包大人对石碑说："我给你个机会你好好反省，一会儿我出来你要老实招认。"说完转身进了府衙，这时门外虽还有围观的百姓但为数已经不多了，一炷香过后包大人出来仍然喝问石碑让它说出偷走的布藏在了哪里，石碑依然沉默，包大人又命人打了石碑 20 大板，好多围观的百姓都觉得无趣早早的散了，只剩下几个人还在饶有兴致地围观，这时包大人命官差将围观的四个人带进了衙门。四人不知为什么要将他们带进来，包大人沉着脸说："你们没有经过允许就私自进入县衙旁观，影响了我办案，石碑就是有你们在才不肯招认，现在罚你们报上姓名，你们从事何种行业？卖米的就罚米；卖肉的罚肉；卖布的罚布，限定你们在天黑前将所罚的物品带到衙门来。"说完包大人转身进了衙门，大家一定都会觉得奇怪，这包大人今儿这是怎么了，不但拿石碑当犯人审，这会儿居然连看热闹的都罚了。这还要从几天前发生的一桩案子说起。

浙江杭州府仁和县有一个叫柴胜的人，家里颇富足。一天，柴胜的父亲把他叫到跟前对他说："咱们家虽然比较富裕，但是人常说创业容易守业难。家大业大也怕坐吃山空，如果你不思上进，像那些纨绔子弟一样每天只知道吃喝玩乐、游山玩水，那么我和你祖父即使为你挣下了金山银山也不够你去挥霍。所以我想让你出去闯一闯，自己去体验一下创业的艰辛，赚钱的艰难，你觉得怎么样？"柴胜说："父亲教训的是，我也正有此意，但是我不知道现在自己能做点什么？要去哪呢？”柴父说：“我听说东京开封那布匹生意非常好做，不如我给你些本钱你进一些布匹到开封去卖，用不了一年半载你就可以回家来了，这次出去并不指望你赚多少钱，只不过是让你历练一番罢了。”于是柴胜听从了父亲的话，购买了3担的布帛，辞别了父母妻儿上路了。

一路行来平安无事，这一天柴胜和家童来到了开封府，在东门城外吴子琛家的店里安顿下来，并且租了一小块儿地方准备开始卖布。柴胜自小就没有离开过家，再加上以前在家里万事都有人前后打点，如今到了这人生地不熟的地方一切都要依靠自己，况且生意并不像他想象的那样简单，过了两三天柴胜不禁心生悔意，郁闷难当。于是柴胜就命家童出去打了些酒回来借酒浇愁，不想这一喝两个人都喝多了，等到天亮两人醒来发现，三担布竟然都被人偷走了，一片布角都没有留下。柴胜吓得面如土色，他第一想到的就是店家监守自盗于是找到吴子琛评理：“我是一个外乡来客到你这做买卖，你身为地主本应多多的照应我，如今为什么联合别人偷了我的布？你要是不给我个交代我就送你去见官。”吴子琛听了辩解说：“我开门做旅店生意的，你们顾客就是我的衣食父母，我又怎么会串通别人偷你的东西呢，这不等于是自砸招牌吗？你实在是冤枉我了。”两个人僵持不下只好一起去见官。

起初包大人不肯受理这无头无尾，无凭无据的案子，但是禁不住柴胜苦苦哀求，于是包大人只好将柴胜和吴子琛先暂时关在牢里，他苦苦思索破案的方法。据他观察店家吴子琛并不像是会夺人财物的贼人，而且货物是在他的店里失窃的，如果要抓贼那么第一个被怀疑的就是他，所以要是是他自己偷的布，那他这个贼岂不是太笨了。那么这贼究竟是谁呢？包公思索了3天也没有一丝头绪，一天他出府办事，无意间看到了府门外的石碑，于是计上心来。包公心想：这偷布的人做贼心虚，他一定会到县衙来打探消息，如果我公开审理那么这贼人一定会十分关注事态的发展，但是没有贼这案子要怎么审呢？看到门口的石碑正好让包大人想出了既能吸引百姓前来观看，又不会伤害无辜的百姓的好方法，于是就有了故事开头的那一幕。

再说说被罚的四人回家后赶紧去找包大人所罚的东西，不一会儿东西就集齐了，米、肉、菜等等什么东西都有，其中有人拿来的是一匹布，包公命人将米肉菜等东西如数还给被罚的人，并嘱咐官差必须如数奉还不可克扣。然后让人将送布来的人暂且留住，又命人将柴胜带到了公堂上，拿出罚来的布另外还拿来了包夫人织的两匹布让柴胜认。柴胜先看到包夫人织的布他说：“这布不是我的。”然后他看到了罚来的那匹布说：“启禀大人，这匹布正是小人丢的布中的一匹。”包大人说：“你是如何认得的？”柴胜说：“虽然这布头上我做的标记被别人换了，但是我在布的中间也做了记号，不信的话大人可以看看。”包公派人检验果真不假。

于是将交布的人带到公堂上审问，原来这人是吴子琛的邻居叫夏日酷，他看到柴胜带着布住进了吴家早就心怀不轨只等待机会，那天看见柴胜和家童都喝醉了，就进去偷了柴胜的布，回来后将布头上的标志改了，零散着卖了一些。现在事情败露了，他只得交代还剩两担布藏在家里，卖布得的银子也藏在家中，包公派人将布和银子取回交给了柴胜，柴胜自然是千恩万谢，开封的百姓听说夏日酷被抓了纷纷联名上奏他的种种恶行，包大人看他罪恶累累于是判他充军边关，为开封的百姓除了一害。

铜钱插壁

龙阳县有个叫罗成仔的人，这个人平日里就喜欢吃喝嫖赌结交一些酒肉朋友，因为家里有一间大屋所以开了一家赌场，从中抽红，并且还借高利贷，在他家出入的都是些地痞流氓和不务正业的公子哥。有人劝罗成仔说：“你结交朋友应该结交那些比自己强的，这样你才能从他们身上学到东西，那些还不如你的人你不要和他们结交。”成仔说：“天高地厚才能藏污纳垢，大丈夫顶天立地应该有像天地一样宽广的胸怀，朋友怎么能分好坏呢?”还有人劝他说：“交友不善总有一天你会被连累的，人都说人以类聚物以群分，你结交那些狐朋狗友总有一天他们会害得你身败名裂的。”成仔又说：“身正不怕影子歪，我自己行得正坐得直，别人的品性好坏与我有什么相干?”就这样不管别人怎么劝说，罗成仔还是一意孤行，经常和那些三教九流的人来往。

一天，龙阳县的富户卫典家夜里遭人抢劫，50多个蒙面的贼闯进了卫典家，他们手持火把，撞开大门劫掠财物，不一会儿卫典家就被洗劫一空。等强盗们离开之后卫典一家大小抱头痛哭，远近的亲朋好友和邻居们都来安慰他们。这时成仔正巧从门外经过，看见众人在劝慰卫典，于是感叹说："哎，平日里耀武扬威唯恐别人不知道你家里有钱，被抢是早晚的事，只有穷人才能每天高枕无忧啊！"卫典听到罗成仔的话十分生气就对他的儿子说："邻居朋友们都来安慰我们只有这个罗成仔在这幸灾乐祸，他平日里就跟那些地痞流氓来往密切，这次咱们家被抢一定是他和那些在他家赌博的流氓地痞干的，要是不把他们抓起来实在难消我心头之恨。"于是将罗成仔告到了官府。

包公看完了状纸将卫典和罗成仔等人带回了衙门，严加审问。罗成仔无故受了大刑，一直喊着冤枉他对包公说："大人，此次卫典家被抢劫，一个犯人都没有抓到，无凭无据的为什么把我抓来？我和这件事一点关系都没有。"卫典说："罗成仔为人既不耕种也不经商，每天就知道和一群流氓聚赌，出入他家的人都是一些生面孔，说不定他那就是贼窝，他又了解我家的状况，一定是他联合外人来我家抢劫的。"包公大声喝问罗成仔说："你不务正业游手好闲，又经常和那些不三不四的人来往谁不怀疑你？俗话说的好：常在河边走哪能不湿鞋。

你总是和那些贼人来往怎能不令人生疑？”又对众人说：“卫典家被劫一案事关重大，现在既无人证也无物证，如果平白无故治成仔之罪实在是冤枉了他。罗成仔无罪释放，但是日后一定要注意自己的言行举止，弃恶从善，如果以后一旦犯罪定当严惩不贷。”于是当堂放了罗成仔，罗成仔自然是感恩不尽，从那以后洗心革面重新做人。而卫典回家之后越想越不甘心，每天四处抱怨说：包大人不为民做主，我遭了抢，倾家荡产，告官又没有人为我申冤，这老天爷实在是太不公平了。

这些话传到了包公的耳朵里，包大人听了心里十分不是滋味。他也知道卫典被抢自然气愤难平，可是平白诬告罗成仔也是不对的，看来只有抓到真正的劫匪才能了却了这件事。于是包大人想了一条良策，他命人将卫典抓了起来并且打了 20 大板，当堂斥责他说：“大胆刁民，你自己家丢了东西应该怪你自己不小心，怎么反而埋怨起官府来了？官家难道只为你一个人办案吗？”打完之后将卫典关进了大牢。

这件事一传十十传百，很快就传的尽人皆知，大家都在议论卫家被劫不说，主人反而被打还关了起来。这件事很快就传到了真正的贼人铁木儿、金锥子等人的耳朵里，他们听了自然是额手称庆。于是出去买了许多的大鱼大肉和酒来到庙里酬谢神恩，顺便庆祝一下。一直喝到了深夜，每个人都喝得酩酊大醉，其中有人说：“都说包大人断案如神，我看也不过如此，也是糊涂官。但愿他家子子孙孙世代当官，这样咱们可就有福了。”大家只顾着高兴岂知隔墙有耳，原来包大人抓了卫典都只是引蛇出洞的妙计，他料到真正的贼人如果知道卫典告官不成反而被关进大牢，一定会得意忘形。于是他就装扮成平民百姓四处走访，路过城隍庙是正好听到了上面那个贼子的话。包公拿出小锥子在城隍庙外的墙上写了3个“钱”字就离开了。转过了观音阁又听见有人说：“城隍爷爷真灵啊，包爷爷真好啊！要不是包爷爷糊涂，咱们的麻烦可就大了！”听完这些话包公暗想：说我好的人很多，但是说我要是不糊涂他们麻烦就大了，这些人一定和刚刚那些人一样都没安好心。于是拿了3枚铜钱插到了墙缝里就回家休息去了。

第二天包大人带了大批人马赶到城隍庙找到了标有“钱”字的房间，抓住了铁木儿等28人，接着又来到了观音阁外找到了三枚铜钱，进屋后又抓住了金锥子等22人。回到府衙后严刑逼供，刚开始这些人并不承认，等到包大人说出在城隍庙和观音阁外听到的话，这些贼人料想抵赖不过只得承认自己的罪行。于是将他们抢走的赃物都寻了回来物归原主，并且放卫典回家，将金锥子、铁木儿等人秋后问斩。

哑子棒

这天，包公正在府里看卷宗，突然手下来报说有一个哑巴拿着一个棒子来到府衙，不知道要干什么只是拿着棒子比比划划。包公正疑惑间，旁边的官差刘厚说："这哑巴每当有新官来上任都会拿着棒子来好像是要把棒子献给官老爷，不管怎么打他骂他都不走，包大人您不必理他。"包公心想：这哑巴定是有冤情，才会多次来到官府献棒。于是命令手下官差将哑巴带到了大堂上询问。哑巴来到了大堂之上拼命的磕头长跪不起，神色凄楚。包公看他的样子料想他一定有冤情，奈何他口不能言，又不会写字，这可怎么替他申冤呢。忽然包公想到了一个办法，他让手下人拿来一桶猪血，将血涂在哑巴的屁股上，看上去哑巴像是刚刚被人施过重刑，又命人给他戴上枷锁拉到街上游街示众，并且派官差在暗中打探大家的反应。

官差押着哑巴在大街上游行，大家都过来围观，看到哑巴被打得鲜血淋漓不禁都同情起哑巴来，有一位老者叹息着说：“这孩子命苦啊，现在受这冤屈。还说包大人是清官呢，还不是不分青红皂白。”官差听了带老者回到了府衙，包公详细的询问老者事情的缘由，老者说：“这哑巴是南村的石家的孩子，他的兄长叫石全，家财万贯。这孩子从小就是个哑巴，口不能言。他爹在的时候还好，后来他爹死了，他的哥哥就将他赶了出来，一分钱也没给他，这孩子身无分文只能沿街乞讨。每年有新官上任这孩子都去告状，只可惜他不能说话又不会写状纸，再加上他哥哥早就在官府打点好了，因此每次都含冤受屈，真是叫天天不应叫地地不灵啊！”

包公听完派人去找来了石全问他说：“这哑巴可是你的同胞兄弟？”石全说：“他本来是家里喂猪的仆人就住在我家里，后来犯了错被我赶了出来，哪里是我的同胞兄弟呀！”包公听完没有多说什么叫石全回去了，石全得意洋洋地走出了府衙。哑巴听了急得呜呜直叫，包公对他说：“你别急，我放你出去，日后你要是在街上看到了你哥哥你只管上去打他没关系，我给你做主。”哑巴听了点头离去。

这天石全上街游玩走到东街正碰到哑巴在东街乞讨，哑巴看到石全想到自己所受的不公平待遇和冤屈实在是忍不下去了，又想起了包大人的话于是冲上前去发疯似的痛打石全，石全本就没有心理准备再加上养尊处优，而哑巴是憋了好多年的冤屈愤怒都在此时爆发，自然是凶猛异常，旁边围观的人早就替哑巴抱不平，看哑巴占了上风纷纷拍手叫好。石全吃了大亏被打得鼻青脸肿，头发被扯乱了，衣裳被撕破了，浑身上下没有完整的地方，非常的狼狈，不但受了伤重要的是丢了面子。于是石全就来到了府衙告状说：哑巴不顾伦理尊长，殴打自己的亲哥哥，简直天理不容。包公问石全说："你可要说准了，这哑巴要是你亲弟弟，弟弟殴打哥哥有违伦常这罪可不小；但是如果他跟你没有血缘关系只不过是曾经的主仆，那这就不过是普通的斗殴事件顶多关押个三五天也就算了。"石全忙说："他是我的同胞兄弟，我是他嫡亲的兄长，人都说长兄如父，他竟然敢打我，简直是大逆不道，大人您一定要重重地惩罚他。"包大人说："你前两天还说他只是仆人，现在又说他是你亲兄弟，到底哪个是真?"石全说："他是我亲兄弟，大家都知道都可以为我作证。"包大人大喝一声："你好大的胆子，他既然是你的亲兄弟，那你为什么独吞家产？你说他有违伦常那你呢?"石全哑口无言答不上来，于是包大人判他将自己的一半财产归还给哑巴，从今以后不得再对哑巴进行欺辱报复。大家知道了判决结果都说包大人果然明察秋毫。

绣鞋埋泥

见过寻物启事的人都知道，一般的寻物启事施主找的都是贵重的物品，或者是虽然不值钱但是却十分有纪念价值的东西，这是现代人的观念。可是有一则寻物启事要找的既不是金银珠宝也不是古玩字画，找的居然是一只妇人的绣花鞋。看的人就要奇怪了，这找鞋就已经很奇怪了，怎么找的还是一只？莫非这古人就知道灰姑娘的故事，要用这只绣花鞋来找王妃吗？这事情远没有咱们想的这么浪漫，反而还有些恐怖，因为要知道这找鞋的由来咱们还得从一桩命案说起。

距离开封府 45 里的地方有一个叫近江的小城，顾名思义近江的意思就是这小城靠着江边，在江的对岸有一户人家，丈夫叫王三郎，妻子叫朱娟。这三郎是个商人经常外出做生意，家里自然十分有钱，朱娟是个秀外慧中的好姑娘，两人感情非常好。三郎总想去远方做点买卖，朱氏劝他说："咱们现在衣食无忧，你就不要那么辛苦了就在家附近做点小买卖好了。"三郎听了妻子的劝告打消了出远门做生意的意念，好好在家陪陪妻子顺道做点小买卖。

王家的对门住着一个叫李宾的人，曾经当过衙门里的小官，但因为他好色贪杯，身为官府的官员却时常调戏良家妇女，因此被罢了官，赋闲在家。一天，李宾看到三郎出门做生意去了，就穿戴整齐来到了王家站在门口大喊："王兄在家吗?"这时朱氏刚刚起床，听见有人喊自己的丈夫就回话说："是谁找三郎啊，他有事出去了。"李宾走进房里说："我有件事想要向王兄请教，他什么时候能回来啊?"朱氏一看是自家的邻居也没多想就说："他出门做生意去了，要晚上才能回来，李大哥要有事，晚上再来找他吧!"李宾一听三郎一时半会回不来，又看到朱氏容貌美丽于是色心大起，开始动手动脚，拉着朱氏就往自己的怀里抱。朱氏一看李宾不怀好意就大声叱责他说："你堂堂七尺男儿光天化日之下调戏良家妇女，你不知羞耻简直猪狗不如，快放开我。"说完挣脱开李宾的钳制转身进入了内室，李宾偷鸡不成蚀把米被骂了个狗血淋头，刚转身要走又想：等晚上三郎回来，朱氏告诉他我要非礼她的事情，日后定会找我的麻烦，一不做二不休不如我进去把她杀了，来个死无对证。于是李宾回家取来了尖刀进入王家看到朱氏正独自一人在后花园赏花，冲过去二话不说将朱氏砍到在

地，可怜一代佳人香魂远去。李宾脱下了朱氏的一只绣鞋和刀一起埋在江边的一座亭子下面。

朱氏有个弟弟叫念六在外做生意，这天晚上他正好在近江靠岸，想起多日没见姐姐了就来到了王家看望姐姐。但是天已经黑透了，他穿过花园来到了主屋喊：“姐姐、姐夫你们在家吗?”喊了半天没人回应，以为他们夫妻二人一起出去了，转身离开了。到了半夜，三郎回到家里，发现平时都是亮着灯的主屋今天却一片漆黑，喊了妻子两声也没有回应当下慌了神，手里拿着灯笼四处寻找，找到后花园发现妻子倒在血泊之中，扶起一看朱氏的身体早已冰冷可见已经死了多时了，顿时痛哭失声，抱着妻子哭到天亮。第二天邻居们听到了哭声来查看，发现朱氏死了大家七嘴八舌的议论起来，一个人眼尖看到地上有一串血脚印便对三郎说：“你先不要哭了，找到凶手才是关键，你看地下有血脚印，一定是凶手留下的，咱们顺着脚印去找，一定能找到凶手。”于是大家顺着地上的血迹寻去，在江边找到了念六的船，并且看到念六的鞋上有血迹，大家七手八脚地将念六绑到的府衙，可怜刚刚睡醒的念六还没明白是怎么回事就被抓到了府衙。

包大人受理了案件开始审问，念六哭着说了事情的原委大呼冤枉。包公心想：如果是念六杀的人也不应该把朱氏的鞋拿走啊，况且已经派人详细地搜了念六的船并没发现凶器，到底是怎么回事呢?如果念六杀人，那一定不会有其他人找到鞋的下落，

那么反过来说知道鞋子下落的人就一定和凶手有关。于是包大人命人写了一道榜文：日前，朱氏被杀死在自家庭院中，丢失绣鞋一只，此鞋乃死者生前最爱之物，若有拾到者赏银十两。这就是为什么寻物启事不找金银珠宝只找一只绣花鞋的原因了。

榜文贴出去一个多月一直都没有什么消息，也有贪图钱财的拿了一只绣花鞋来碰碰运气但是都不是朱氏的鞋。忽然有一天，有一个老实巴交的村民拿着一只绣花鞋来到府衙，包大人仔细查看发现居然真的是朱氏丢失的绣鞋，于是问那个村名说："这只鞋你是从哪得来的？"那村名说："是在江边的亭子下挖出来的。"包公说："你怎么知道亭子下有鞋呢？"村民说："是我老婆告诉我的。"包公心想：这妇人一定有问题。于是笑着对那个村民说："这确实是我们要找的鞋，你下去领赏吧。"那村民乐的合不拢嘴，拿了银子高兴的回家了，包公派人暗中监视着他回去，村民回到家高兴的将银子拿给妻子看，他妻子说："这银子多亏了李郎，要不是他告诉我，咱们也不能得到银子，咱们要请李郎吃饭。"那老实的村民只顾看银子连连点头。二人买了好酒好菜请来了妇人口中的李郎，原来这李郎正是李宾。他和这村民的妻子早有奸情，他看到榜文知道朱氏的绣鞋能换银子，就将绣鞋的地址告诉了妇人。三人正在桌边喝酒，埋伏在外的官兵蜂拥而至将三人带回了府衙，一番审问之后，李宾交代了自己的罪行，被包公就地正法，这就是多行不义必自毙。

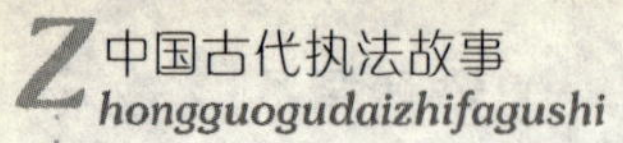

血衫叫街

肇庆城里原本是一片平安和乐的景象，可是今天一个人的出现却打破了这里的宁静。这个人就是包公手下的衙差黄胜，因为他带着一个生面孔的外乡人，这外乡人穿着一件染血的衣服，头发凌乱，沿街大喊："今早我路过芝林，看到三个屠户被人抢劫，屠户奋起反抗，其中一人被杀了，另外两个负伤逃走了，谁知道被杀的人是哪家，赶紧去府衙认领尸首。"这一番话让原本平静的小镇顿时炸开了锅，大家都在纷纷猜测是谁家的官人这么倒霉被贼害死了，正在混乱间，东巷口有一家的妇人张氏冲了出来，哭着说自己的丈夫早上和别人一起出去买猪肉去了，现在还没回来，但是也不知道是和谁一块出去的，正着急着呢！

黄胜听了这话并不动声色，而是到对面的酒楼里等候，到了中午的时候，张氏的丈夫回来了，黄胜走上前去一把抓住他，押回了府衙来见包公，官差在他的身上搜出了许多金银首饰，包公说：“人赃俱获，现在赶快说出你的同伙，本官自会对你从轻发落。”

原来在离肇庆城30里的地方有一个叫宝石村的小村庄，这里有一户姓黄的人家，长子名叫黄善。这黄家世代以种田为生，老实本分，年前黄善娶了城里陈许的女儿琼娘，琼娘贤惠善良，嫁过来之后相夫教子孝顺公婆，一家过得倒也幸福和乐。可是一天前，琼娘的娘家来人捎信说，陈许病了，卧床不起，相见女儿一面。琼娘非常担心，便和丈夫商量要回家去看看父亲，黄善说：“现在正是农忙的时候，我走不开，你自己去我又不放心，还是等两天再去吧。”琼娘虽然没说什么但是心里非常担心，寝食难安，想我父亲就我一个女儿，现在卧病在床我却不能在身边伺候，这也太不孝顺了。明早我不告诉他，自己偷偷回娘家看看，他即使知道了我也走了，他也不能拿我怎么样。于是第二天天还没亮，琼娘就收拾了一些金银细软带着自家来的小厮偷偷地回了娘家。走了一会，路过一片芝林，清早起了大雾对面看不到人，小厮就说：“小姐，这雾太大了，我们不如进村里歇歇等雾散了我们再走吧。”琼娘看了看天色，又想，这林子里雾气中，要是遇到了强盗会十分危险，于是对小厮说：“这林子里起雾不太安全，我看前面有一个凉亭，不如我们去那歇息，等雾散了再赶路吧。”

两人接着向前走去，这时迎面来了三个要去买猪的屠户，为首的就是张氏的丈夫张蛮，他看到琼娘头上戴着许多的首饰便猜想这一定是个有钱人家的娘子，于是偷偷的与姓刘的和姓吴的屠夫商量：“咱们卖一个月的猪肉才能挣几个钱，你看那小娘子穿金戴银而且只带了一个小厮，不如我们抢她一把，这可够我们过半年的好日子了，你们说呢。”姓刘的屠夫说：“哥哥说的对，我去对付那个小厮。”于是三人上前便抢，琼娘一看三人来者不善，便偷偷的将首饰藏在了袖子里，并将包袱紧紧抱在胸前，可是一个弱女子怎么能是屠夫的对手，三两下就被张蛮推倒在地，抢走了所有的金银首饰，琼娘还要反抗，张蛮抽出一把屠刀劈手砍了过去，这一刀正砍在琼娘的左手上，琼娘大叫一声晕了过去，三个屠户夺路而逃。小厮跑过来一看，琼娘倒在了血泊之中，于是匆忙跑回家里去报信，黄善听了之后大吃一惊说：“我说让她过两天再回去，就是不听我的话，现在遭此横祸。”说完赶紧带人前去救治，将琼娘救醒后二人劫后重逢，惊喜就不用说了。随后黄善来到了包公的府衙报案，包公听完之后，问小厮说，你可认识那三个屠户，小厮说姓名是不知道，但是要是能看到人的话我能认出他们来，包公叫来了黄胜，拿着琼娘染血的血衣，于是便有了文章开头的那一幕。

这张蛮被抓之后看到人赃并获大势已去就交代了自己的犯案经过，并且供出了同伙，吴屠户和刘屠户。包公立刻命人去

将他们抓到了府衙，起初吴屠户和刘屠户还不知道发生了什么事，他们没想到事情这么快就暴露了，来到府衙之后看到张蛮垂头丧气地跪在大堂之上，身边堆着他们早上才抢来的金银首饰，于是明白了事情败露了，只好一五一十地招认犯案过程，并且交出了赃物。三人杀人越货，虽没有致人于死地，但是沿路抢劫性质恶劣，于是包公判处三人斩立决，将所有赃物物归原主，而黄善为琼娘便请良医，不就也治好了伤，夫妻恩爱更胜从前。

青 粪

同安县里有一户人家主人名叫龚昆，娶了李氏为妻，家里过得十分富有，但是这龚昆有个毛病就是特别的吝啬，俗话也就是小气，他小气到什么程度呢，虽然他家里算得上是家财万贯了，但是每天的伙食却是清粥小菜，出入穿的衣服也十分的寒酸。这一年龚昆的老岳父过生日，龚昆是伤透了脑筋，这不去拜寿吧妻子肯定是不依不饶，再说传出去也不好听；去拜寿吧少不了要给岳父送贺礼，这可是一笔不小的开销。他左思右想了好长时间，最后他的小气劲儿还是屈服在了老婆的脸色之下。

龚昆准备了丰厚的礼物去给岳父拜寿，临出门他看着那些贺礼一阵心疼，怎么也迈不开脚步，他心想要是自己眼睁睁地看着这些礼物送人那怎么受得了啊，还是眼不见为净吧，于是他临时改了主意，派家丁长财将贺礼送到岳父家里去。长财临走前龚昆又嘱咐他说：“这些贺礼你待会送去时他们一定会从中挑选的，别的东西倒无所谓不值几个钱，可是这里边有一只大鹅你一定要注意，千万别让他们选了去。”长财心里虽认为主人太抠了，但是还是将主人的吩咐记在了心里，因为他知道要是自己没保住大鹅，那么回来倒霉的就是他了。

长财带着礼物来到龚昆的岳父家，老人家一看到这么多的贺礼心里十分高兴，问长财说：“你家主人怎么没来喝杯酒啊？”长财说：“我家主人临时有事不能来了，派我来给老爷子您祝寿。”老人家非常高兴，让厨子挑几样礼物留下，厨子一看这姑爷今年没少送贺礼，就从中挑了几样比较贵重的留下了，其中就有那只龚昆在长财出门时特别嘱咐不能被挑走的那只大白鹅。长财沮丧万分，心想这回回家一定要受主人责罚了。

于是长财闷闷不乐的喝了几杯酒，挑着剩下的礼物往回走。走到城外的一片池塘，看到池塘里有一群大白鹅，长财心想：这可真是踏破铁鞋无觅处得来全不费工夫。四下看看无人，于是长财就跳下了池塘挑了一只最肥的大白鹅抓了起来，抓好后将白鹅的羽毛都弄湿了，然后放到了笼子里。谁知事有凑巧这放鹅的仆人叫招禄刚才有事回家了，他在回家的路上碰到了挑着空筐返家的长财，等招禄从家了返回刚好看到长财挑着装着大白鹅的筐离开池塘。这招禄往池塘里一看，发现自家的大白鹅少了一只，料想一定是长财偷了。于是赶紧去追长财，边追边喊：“前面的小哥站住。”长财心知他喊得是自己，做贼心虚走得更快，正巧迎面走来了大白鹅的真正主人，后面的招禄看到了主人大喊：“主人，拦住那个挑担的，他偷了咱家的大白鹅。”那主人一听一把抓住了长财。长财放下了担大声说：“你们这些人怎么不讲道理，我走路走的好好的，为什么拽住我？”主人说：“你偷了我的鹅还敢说是我无理？你好不要脸！”长财说：“哪个是你的鹅，这分明是我的鹅!”两个人吵了起来，旁边围上来不少看热闹的人。两人争论不休，这时一个看热闹的说：“你们两个也不用吵了，把白鹅捉出来放到池塘里，它要是融入鹅群就是主人的；要是被群鹅追逐啄咬那就一定是这位挑担的小哥的。”于是大家依言将白鹅放到了池塘里，群鹅看到大白鹅的羽毛都是湿的跟之前不一样，以为是陌生的鹅闯入了自己的鹅群，于是群鹅扑过去啄咬大白鹅将它逐出了鹅群。大家都说：“这鹅明明就是挑担的小哥的，你们主仆二人太不知羞耻了，光天化日之下居然想强抢人家的鹅！”主人被众人围观指责顿时觉得脸上无光，于是将招禄大骂了一顿，招禄心里十分委屈扭住长财打了起来，众人拉也拉不开，只得将他们送到了衙门。

包大人审理了这件案子，他听过了前因后果后说：“你二人不必争辩，将白鹅放这一晚明天你们再来，我定能分出这鹅是谁的。”二人各自回家，第二天又来到了衙门，包大人说：

“这鹅明明就是招禄的，长财你不仅偷人家的还诬陷他人，你该当何罪？”长财不服气的说：“昨天大家明明都看到了这鹅是我的，怎么你说这鹅是招禄的？你有什么证据。”包大人说：“昨天明明是你故意弄湿了鹅羽其他的鹅才无法分辨自己的同伴。你家住城里，招禄家在城外，住在城里喂鹅用的一定是粮食，这样鹅拉出的粪便应该是黄色的；招禄家在城外，喂鹅吃的是青草，那么鹅拉出的粪便一定是绿色的。现在大白鹅拉出的粪便是青色的，那它一定是招禄家的。你还有什么好狡辩的。”长财无法抵赖只好承认，被包大人打了20大板，白鹅物归原主。

箕帚带入

大家都知道古代的七出之条中有一条是“善妒者，出”。意思就是说如果妻子善妒那么丈夫就可以休妻，可能很多人都觉得这对女子是一件十分不公平的事，因为男子可以三妻四妾，女子却必须遵守三从四德对丈夫从一而终，如果丈夫娶妾妻子嫉妒那么丈夫就可以休妻，但是从下面一则故事里，大家或许可以明白所谓“善妒者，出”的真实含义。

在河南登州府霞照县有一个叫黄士良的，他有一个弟弟名叫士美。由于他们的父母去世得早，只留下了兄弟二人相依为命，因此两兄弟的感情从小就很好，长大了到了该娶妻的时候他们也没有分家，两家人一直住在一个院子里。士良娶了同村的李秀姐为妻，秀姐为人多疑善妒，经常怀疑丈夫对自己不忠。看到士良同别的女子说话，无论年纪大小，回家之后必然会引起一番争吵；要是看到士良对别的女子笑一笑，那后果就更加严重，不吵个三五日绝不善罢甘休，而且经常站在街上指桑骂槐，破口大骂那些她认为跟自己丈夫有染的女子，弄得邻里家的女子都绕门而过，更别提和士良说话了。这秀姐的善妒之名可谓是众所周知，但是因为没有酿成什么大祸，所以士良一直忍耐忍让。

士美娶了一位贤良淑德的好妻子，名字叫张月英。月英可以说是一位贤妻的典范，对待丈夫温柔贤惠，对待大伯、嫂子恭敬有礼，两家人相处得还算和睦。因为两家人住在同一个院子里，所以这妯娌两个人就轮流打扫院内的卫生，每天打扫之后就将箕帚交给对方，第二天由对方来打扫庭院，这样公平处事两家倒也相安无事。可是天有不测风云，这一天轮到了张氏打扫卫生，士美一大早就出门了，张氏收拾完院子之后想把箕帚给嫂子送去，她想起来今天是重阳节嫂子去自己妹子家喝酒去了，来到大伯家喊了两声发现屋内没人，于是就把箕帚放到了嫂子的房里，心想这样就免去第二天再临时交付箕帚了。可是她不知道的是自己的好心之举却成了葬送自己性命的多余之行。到了晚上李氏回来了，看到箕帚在自己的屋子里，要是别人肯定知道这是妯娌体恤自己帮自己将箕帚送了过来，可是这李氏是个极其善妒之人，看到了箕帚之后她心想：平日都是我们当面交付箕帚，怎么今天箕帚无故出现在我房里了？今天士美和我都不在家，一定是我丈夫看我们二人不在把张氏拖进屋

里和她做下了苟且之事，她越想越觉得自己的想法是对的。

过了一会儿，士良回来了，李氏厉声问他："你今天干什么去了？"士良说："没干什么呀！"李氏说："你做了好事还不敢承认？"士良被问得莫名其妙："我做了什么好事了？你又胡闹些什么？"李氏大声控诉道："你和你的弟媳做了苟且之事还反过来说我胡闹，你也太不要脸了。"士良一听怒气冲天地说："你这臭婆娘，发什么酒疯，平日里说些外人的长短也就算了，今天竟然将污水泼到自家人身上了，你疯了不成？"李氏说："你还狡辩，你们要是没有奸情，这箕帚为什么会在我的房里，一定是你看到弟媳在打扫，就拉她过来胡搞，才会将箕帚落在我房里。"士良一听妻子的话就知道她疑心病又犯了于是劝她说："弟媳送箕帚来时我并不在家，你不要没事找事！再说你这样胡闹猜测被邻居听到了是要笑话的。"李氏一听丈夫说了软话更加确认丈夫做了对不起自己的事情，更加撒起泼来骂得更加难听。士良看妻子蛮不讲理而且骂的话不堪入耳，大怒，实在忍无可忍一巴掌向妻子挥了过去，两人撕打起来。张氏在自己房内听到隔壁大伯和嫂嫂起了争执于是起来听个究竟，一听之下大惊失色，自己白天的好心之举竟然被嫂嫂怀疑，还说出许多难听的话来。张氏本就是个极重礼教的人，听到嫂子怀疑自己的贞洁就要出门前去辩解，后来一想：他夫妻二人正吵得激烈，我这时过去一定会火上浇油。于是转身回房，后又想：刚才嫂嫂一定听见了我开门的声音，现在我转身

回房不去辩解，她一定更加认定我和大伯做了苟且之事。于是左右为难，想去说明，但是想到嫂嫂骂人的话极其难听，去了只能是自取其辱，不去她又会怀疑，这辈子都会认为我和她丈夫有染，日后定会时不时的说些难听的话，思来想去觉得都是自己不好，不应该送箕帚进她房里，这辈子的贞洁名声都毁于一旦，不如以死明志，夜里在房里上吊自杀了。

第二天李氏做好了早饭仍不见张氏出来，就来到她的房前推门进屋，看到张氏吊死在自家的屋子里，士良吓得手足无措，李氏还不依不饶地说："你还敢说你们没有奸情，要是没有为什么她会羞愧的自杀。"士良百口莫辩只得出找弟弟告诉他弟媳的死讯，士美大惊失色，自己走时妻子还好好的，怎么一日未回妻子竟然和自己天人永隔！于是追问大哥妻子是怎么死的，哥嫂回答不出来，只说在半夜无缘无故的上吊死了。士美不相信，转身报了官。

陈知县抓来了士良审问他张氏的死因，士良只得撒谎说："张氏突然觉得心口疼痛，不堪忍受折磨于是上吊自杀了。"士美说："不可能，我妻子从没有过心痛的毛病，再说即使有病也应该请大夫啊，为什么她要自杀呢？"李氏说："弟媳性子急，她丈夫又不在家，她又不肯找大夫，疼痛难忍就自杀了。"士美说："你胡说，我妻子跟本就不是性急的人，大人一定要为我做主啊！"陈知县听他们各说各的无法判断，于是就对士良和李氏用了刑，李氏不堪重刑于是招出了事情的经过，陈知县认定是士良强奸了张氏，张氏羞愤而死。开始时士良不认，可是终究抵挡不过重刑，只得屈打成招，被押入大牢等待秋后问斩。

也是士良命不该绝，正赶上包公代天巡案来到了河南，他看到了士良的案子觉得其中另有隐情，开堂重新审问。士良哭着说："王侯将相都免不了一死，我不怕死，可是我受了这样污名而死，我实在是不甘心啊！"包大人说："你有什么冤情，尽管说出来，我为你做主。"于是士良详细地说了一遍事情的经过。包大人叫来了李氏问她说："张氏送箕帚入你房那天庭院都打扫干净了吗？"李氏回忆说："打扫干净了。"包大人又问说："那箕帚是干净的，还是其中带着未倒干净的草屑？"李氏又说："是干净的。"包大人说："大胆妒妇，张氏分明是被你害死的。要是张氏和你丈夫有奸情必然是庭院没有打扫干净就被你丈夫拉进房里，箕帚内也应该有未倒干净的草屑；要是打扫完毕才和你丈夫通奸那她就应该将箕帚放到自己房里。分明是张氏为了你第二天打扫方便将箕帚放入你房里，你却怀疑她和你丈夫有染，她欲辩不得只能以死明志。这一切的罪恶都因你的嫉妒而起，因你的善妒害死了妯娌，还害得丈夫入狱差点冤死，你可知罪。"李氏吓得面如土色，士美明白了妻子竟是不堪被嫂嫂折辱而自杀不免痛哭失声。包公因此欲判李氏绞刑，李氏哭着求包大人网开一面，士美也说："我昔日告状是为了还我妻子一个清白，现在真相大白，我妻子的名节

也保住了，李氏毕竟和我叔嫂一场，我不忍心看她命丧黄泉，求大人饶他一命。”包公说：“如此妒妇理应严惩，以儆效尤。”于是判李氏绞刑。这世间的事情都是事出有因，当初所定的七出之条一定有它的原因，像李氏这样善妒的人在现代社会恐怕也是要被丈夫离弃的。

割牛舌

小羊村的刘全是个老实忠厚的农民，每天面朝黄土背朝天的辛勤工作，只为秋天能有个好收成。对于普通的农民来说耕牛无异于是自己的命根子，刘家有一头身强力壮的黄牛，它可是刘家的主力、功臣，因此刘家人都十分的疼爱它，希望它能多给自己出点力。这天刘全和牛在地里干活，家人有事叫他回家一趟，等他从家里回到田间发现自己家的耕牛哼哼地直叫唤。刘全走过去一看耕牛满嘴是血，气喘吁吁，他掰开牛嘴查看，发现耕牛的舌头被人割掉了。刘全大吃一惊，牛被割了舌头就没有办法吃东西，最后只能被活活饿死，是谁这么坏，割了牛舌跟要了刘全的命一样，刘全哭哭啼啼地来到了包大人的府衙告状。

包公听完了刘全的诉说之后问他："你平日里得罪过什么

人没有？”刘全摇摇头说：“大人，我平日里就知道耕地种田，从来没得罪过什么人啊，大人你要为我做主啊！”包公给了刘全五百贯钱，对他说：“既然牛已经没有用了，你回去就偷偷地把它宰了不要惊动邻里，然后把肉拿到市集上卖些钱再加上我给你的钱应该够你再买一头耕牛了。”刘全不敢相信居然有官员愿意拿自己的钱给百姓所以再三推脱不敢接受。包公说：“老人家，你就拿着吧，你家耕牛的事情我自会查个水落石出的。”刘全推辞不过接过了钱，千恩万谢地离开了。

刘全走后包公心想，这割牛舌的人一定与刘家有着很大的嫌隙，不然不能对一个牲口下此毒手，于是他想到了一个找到割牛舌的人的好办法。包公命人在府衙门外的墙上贴上了一张告示，内容为：今听闻偷盗宰杀耕牛者甚多，为了禁止这种现象颁布禁令如下，如果发现有人没有经过官府同意私自宰杀耕牛，举报给官府的人，官府奖励举报者三百贯银钱，并且将严惩私自宰杀耕牛的人。告示贴出之后引起村民们的围观，大家议论纷纷。

再说刘全回到家后因为得到包大人给的五百贯钱所以非常高兴，召集全家来商量杀牛的事，大家说既然决定要杀掉耕牛不如趁早，要不时间长了牛就会饿瘦了，到时就是想卖肉恐怕也卖不了几个钱了。可是现在官府又发出布告说不允许私自宰杀耕牛，这可怎么办呢？刘全说：“没关系，包大人说了他体恤咱们家贫苦耕牛又被割了舌头，所以让咱们偷偷地将牛杀了，不要惊动邻里就好。”于是第二天天还没亮，刘全就摸黑将牛拴在了木桩上，狠了狠心将喂养多年的耕牛送上了西天，然后剥皮割肉，将牛肉分成适当大小的肉块，准备拿到早集上去卖。正在这时刘全的邻居叫卜安的冲进来大喊：“刘全，你好大的胆子！大老爷刚刚发布了禁令，不准私自宰杀耕牛，你居然知法犯法，走，跟我见县老爷去。”说着就上来与刘全扭打在一起，刘全敌不过卜安被卜安扭送到了县衙。

卜安来到了县衙对包公说：“老爷，我看到刘全在家私自宰杀耕牛，他这是知法犯法呀，请大老爷重重的责罚他。”包公说：“刘全家宰杀耕牛是有原因的，我们就对他网开一面吧，我赏你三百贯钱，这件事就算了吧!”卜安说：“那可不行，刘全犯了法就应该重重地惩罚他，就算他家的耕牛被割了舌头那他也是犯了私自宰杀的罪，这法既然是大老爷定的，您又怎么能自己破坏呢？”包公大笑起来说：“卜安，你好大的胆子，割了刘全家耕牛的舌头现在又来诬告刘全，你知不知罪？”卜安说：“我冤枉啊，我没有割他家的牛舌。”包公说：“既然你没割，那我们谁都没有告诉你刘全家的牛被割了舌头，你又是怎么知道的？再者我命刘全偷偷宰牛不要惊动他人，如果不是你有意窥视，你又怎么会知道他家宰牛！现在还不从实招来!”

卜安被包公一席话吓得瑟瑟发抖，只好承认了偷割刘全家牛舌的事。原来卜安和刘全家仅有一墙之隔，总会因为一些鸡毛蒜皮的小事发生争吵，而卜安又是个极其小心眼儿的人，早就对刘全心生不满。有一天刘家的鸡跑到了卜安家的地里踩坏了一小片稻苗，卜安又来找刘家理论，刘家没有理会，卜安非常生气回到田间发现刘家的耕牛独自在田里耕地，于是就起了坏心眼儿。他趁着四下无人偷偷地用刀割了牛的舌头然后藏在附近的草丛里，看到刘全抱着耕牛痛哭，他心里痛快极了。后来他看到了官府的告示心想：刘家的牛没了舌头肯定是活不长了，他一定会偷偷地宰杀，我就趁机将他告到官府，既能得到赏钱又能借大老爷的手狠狠地打他一顿，这可是一石二鸟的好事啊！没想到他却是中了包大人的擒拿凶手的计策，这时再来后悔已经来不及了，卜安先是偷割他人家牛舌后又恶人先告状，因此包大人命人狠狠地大了他 50 大板以儆效尤，这真是偷鸡不成蚀把米，想害人的最终害的却是自己。

黑 痣

热闹的清溪渡口依然人来人往，商贩的叫卖声，来往客商寻人的询问声，旅店饭馆招揽客人的热络的招呼声交杂成一片，显示出这渡口的繁华。耀眼的阳光从江面上反射到来往的人们的眼睛里更增添了人们的烦躁情绪，这时只能一声高喊："你这流氓快放开我的妻子。"只见人群随着这声高喊围成了一个圆圈，被围在当中的有三个人，其中一个是一位貌美如花的娇滴滴的小娘子，小娘子的怀里还抱着一个正在吃奶的孩子，另外两个是年轻的后生。一人身穿青衣，体格健硕，面容敦厚老实。另一个年轻人身穿黑衣面容猥琐，一双老鼠眼里闪烁着狡诈的光芒。

两人分别扯住了那个漂亮娘子的左右手肘向自己的方向用力，那小娘子一边护着自己的孩子一边向右边的青衣后生看去，嘴里高喊："相公救我！"青衣男子大声斥责黑衣男子说："你这无赖为什么抓着我妻子，快放开！"黑衣男子说："你才是无赖，这分明是我的妻子，你快放手！"两人争执不下撕打到一起，那青衣男子被黑衣男子打得口吐鲜血但是仍然没有放开那小娘子的手。这到底发生了什么事，怎么光天化日之下居然出现两男子争妻？看情形那小娘子是偏向那青衣男子，但是看那黑衣男子也是争得面红耳赤不像是假，围观的众人一时之间也分不清谁真谁假，只好送他们去见官。

知府邱世爵审理了这件案子，他先问那青衣男子发生了什么事，那青衣男子回答说："小人叫潘贵，今天是我岳父生日，我和妻子月桂是来给岳父祝寿的，我和那无赖坐的是同一条船，没想到下了船之后他就过来扯我家娘子，还硬说我娘子是他家的，所以我们两个就争了起来。"知府又问黑衣男子，那男子说："小人名叫洪昂，同妻子两人回岳父家祝寿，被那无赖盯上想要抢我妻子。"两人说辞差不多，知府不知道该相信谁的，只得叫出月桂问道："这两人那个是你的丈夫？"月桂毫不犹豫的指着青衣男子说："潘贵是我丈夫。"这时洪昂狡辩说："大人，小人的妻子本就是个不守妇道的人，她和那潘贵早就有旧情，今天想必是约好了的，您不能相信她们。"知府又问："既然你说月桂是你妻子可有何证据？"洪昂说："小人妻子左乳下有一颗黑痣，大人如果不信可以派人查看。"知府派府内的女眷解衣查看，女眷回禀说果然有黑痣，因此判定月桂为洪昂妻子，重打潘贵20大板，赶出府衙。

众官差拉下一干人犯准备行刑，正巧碰上包大人来看望邱知府，包公一进府衙就看到有一对年轻男女在抱头痛哭，旁边一个年轻男子在拼命拉扯，忙上前询问发生了什么事，差役将前情详细禀告了一遍，包公说："先不要放他们走，我稍后自有定夺。"

包公进入府衙拜见邱知府说："我在门口看到一对年轻小夫妻抱头痛哭，不忍别离，我怕大人您被那些奸诈的刁民蒙蔽，我想这案子一定另有隐情。"知府大人说："大人您明察秋毫这件事您一定能查个水落石出，我让人将他们押到你的府衙去吧。"于是包大人将一干人犯押到了自己的府衙，升堂问案。先单独将月桂叫来问道："你自己说，谁是你的丈夫？"月桂说："潘贵是我的丈夫。"包大人又问："那洪昂你可认得？"月桂说："不认识，只不过是昨天和他坐同一艘船罢了？"包公说："那他如何得知你乳下有痣？"月桂说："一定是昨天，我给小儿喂奶的时候被他无意间瞧见，那无赖就以此为凭想要强赖了小妇人去，请大老爷为我做主！"包公说："既然你说潘贵是你丈夫，那你说说你和他今年都多大年纪了？"月桂回答说："小妇人今年23岁，我丈夫今年25岁，我们结婚3年了，儿子才刚刚8个月。"包公又问："你公婆都还尚在吗？"月桂回答："公公已经去世了，婆婆还在，今年49岁。"包公又问："你父母都还健在吗？他们叫什么名字？今年多大了？你有没有兄弟姐妹？”月桂说：“我爹爹名叫郑泰，今年八月十三年满50，我母亲张氏今年45岁，我还有两个哥哥，我们家一共就我们兄妹3人。”包大人问完让人暂时将月桂带下去，又叫来了潘贵问他说：“你既然说这妇人是你妻子，那你说说她姓什么叫什么？今年多大？”潘贵说：“我娘子叫郑月桂，今年23岁。”包公又将问过月桂的问题详细的问了一遍潘贵，潘贵的答案和月桂相同。包大人又命人将潘贵带了出去接着又押来了洪昂，问了他同样的问题，第一个问题就难住了洪昂，他支支吾吾了半天然后说：“我娘子叫月桂，今年…今年22岁。”再后来其他问题都对不上号，包大人大喝一声说：“好个无耻的泼皮，看到妇人喂奶露出黑痣就想抢占他人之妻，如果不严惩你那天理何在！”于是命人将他拉出去重打40大板，并且将他发配到边关充军去了。潘贵小两口有惊无险又得团圆连连拜谢包大人，千恩万谢后回家了。

双钉案

一日开封府尹包拯升堂理事，忽闻堂外三声鼓响。包公命传击鼓人上堂，只见进来一老妇。

包公问老妇：“你何姓氏？家住哪里？所告何事？”老妇答：“我是刘张氏，家住汴梁缄里白塔巷。只因儿子蹊跷而亡，请求大人查明死因。”

包公带张千、娄青前往白塔巷微服私访。听街坊邻里反映：“刘张氏早年亡夫。独生子刘结实从小娇生惯养，成年后与青楼女子吴春花相识，后用重金赎出为妻。但吴氏水性杨花，常招引一些不三不四的男人到家。夫妻为此经常吵嘴打架。刘结实身强力壮，日前猝然死亡。大家都怀疑吴氏勾结奸夫谋害亲夫。”

为弄清案情，包公扮作算命先生，来到刘家门前。吴氏请

“先生”进屋为她算命。包公一边问吴氏生辰八字，一边察颜观色。见吴氏脸上似擦脂粉，又发现吴氏外着丧服，内套红袄。情形十分反常，实在令人可疑。

包公又以算命作为试探，观其反应。先是预言她日后还能找到如意郎君，见吴氏喜形于色；后又断言亡夫不会放过她，恐有血光之灾，吴氏顿时神色黯然，急忙付了算命钱，请“先生”离去。

包公遂派仵作廖杰前去验尸。廖杰仔细检验尸体，发现死状异常，却从头到脚未验出伤痕：刘结实死因不明。廖杰闷闷不乐，回到家中。其妻杨氏问他：“因何愁闷？”廖杰告知：“包大人命我验尸，死状异常，却验不出伤痕，恐包大人责备。”杨氏脱口而出：“可曾验死人鼻中？”廖杰道：“未曾验看。验鼻中作什么？”杨氏道：“曾闻有人用长钉钉入鼻中，直通脑门，害人性命，不留痕迹。”廖杰将信将疑，忙去复验尸体。果见刘结实鼻中有一根长铁钉，即用镊子取出。于是真相大白。廖杰报与包公：“刘结实系被人钉杀而死。”

包公命捕役拘传吴氏到堂讯问：“你丈夫是怎么死的？”吴氏答：“因暴病而亡。”包公命廖杰出示从刘结实鼻中取出的长钉。在证据面前，吴氏供认串通奸夫钱贵云谋杀亲夫刘结实。

包公问吴氏：“你何以知道用这种奇特方法杀人？”吴氏答：“是钱贵云教使的。”包公命捕役将钱贵云拘拿归案。钱贵云供认此法是听郎中张裕生说的。包公问钱贵云：“张裕生为何教你此法？”钱贵云答：“我常与张裕生一起饮酒。一次酒酣，我悄声问他，世间可有谋人性命不留痕迹之法。他即教我此法。”包公即传讯张裕生。张裕生矢口否认，包公只好暂时放下。

此案作案手段奇特，仵作廖杰发现破绽，破案有功。包公予以嘉勉，并问廖杰：“你是怎么想到验看死者鼻孔的？”廖杰回答：“是我妻子提醒我的。”包公问：“你妻子怎么知道的？”廖杰答：“她说是道听途说的。”包公又问：“你妻子叫什么名字？你们可是结发夫妻？”廖杰答：“她叫杨水英。我们是半路夫妻。”包公关切地问：“你们怎么是半路夫妻？”廖杰答：“她前夫病故后，改嫁我为妻。”包公道：“你妻子很有心计。给你出主意，使你查明了刘结实死因，帮我们破了这宗奇案。你明日可带她来府，当面领赏。”廖杰高兴而回，告诉其妻有赏，其妻杨氏却埋怨他不该跟包公说是她提醒的。

廖杰走后，包公想：“廖杰妻子杨氏怎么知道这种奇特杀人方法？她究竟听谁说的？据说她与廖杰是半路夫妻，她前夫究竟是怎么死的？”

于是，包公唤张千、娄青近前，吩咐秘密访查，弄清上述问题。张千、娄青很快查清：“杨水英前夫叫常健，家住汴梁城郊谢家巷，去年暴病而亡。族人因其死得蹊跷，曾告到县衙。知县派仵作去验尸，未验出伤痕，以正常病故结案。杨氏因患鼻疾，常去找郎中张裕生看病。二人来往频繁，关系暧昧。”

包公遂即调阅“常健暴亡一案”卷宗，见尸单记载：“死状异常，未有伤痕。”包公发现此案与刘结实死亡案十分相似。心想：“莫非常健也是被人钉杀而死。”遂决定开棺验尸。

第二天，廖杰领着妻子杨氏到府衙来领赏。不想，包公突然问杨氏：“你前夫可叫常健?”杨氏惊讶：“大人如何得知?”包公又问：“你前夫是怎么死的?”杨氏更加恐慌，答道：“因暴病而亡。”包公正色道：“是暴病而亡，还是被人谋害，掘墓开棺，一验便知。”

杨氏大惊失色。而包公则带着张千、娄青、廖杰、杨氏等人来到南门外墓地。掘开常健坟墓，打开棺材。见尸体已经腐烂，但在鼻孔部位露出一根生锈长钉。杨氏无法抵赖，只得供认勾结奸夫张裕生谋害亲夫常健的事实。包公命捕役捉拿张裕生到堂审问。张裕生见事已败露，只好如实供认曾先后向钱贵云、杨水英传授钉杀方法。包公遂以通奸杀人罪，依律判处吴春花、钱贵云、杨水英、张裕生死刑。

廖杰如梦初醒：“想不到此妇这般蛇蝎心肠。若非包大人明察秋毫，我也难免成了她钉下之鬼。”杨氏懊悔不已，言道：“要不是我多言多语，此案定不能破。”

包公正色道：“要想人不知，除非己莫为。作案之人，侥幸取巧，蒙得一时，蒙不了长久，终有一天会败露的。此可谓天网恢恢，疏而不漏!”

这年秋后，包公命将通奸杀人的两对奸夫淫妇，同时绑赴法场，一并斩首示众。观者如潮，知者称巧。

纵火案

包公任开封府尹时，一天晚上，带着王朝、马汉、张龙、赵虎上街巡视。忽见前面街巷火光冲天，又闻人声嘈杂，有人高呼：“失火了！快救火！”

包公立即带领王朝等人赶到现场，召集、指挥百姓救火。见人们挑着水桶纷纷来到火场。

当地附近有两口公用水井。一井在甜水巷，一井在苦水巷。这时有两个挑着水桶、走在前面的人，一个大声问：“是挑甜水巷的水，还是挑苦水巷的水？”另一个高声答：“当然是挑苦水巷的水！”

于是，人们就跟着这二人涌向苦水巷。顿时，苦水巷被挤得水泄不通。前面挑上水的出不来，后面挑空桶的进不去。眼看火越烧越旺，大有蔓延之势，情势十万火急。包公急忙奔到苦水巷口，对人们高声言道：“救火要紧！还分什么甜水、苦水？留一半人在苦水巷挑水，另一半人快去甜水巷挑水！”不一会儿，人们分别从苦水巷、甜水巷挑出水来，很快扑灭了大火。

但是包公回到府上，却辗转难眠，反思当晚救火经过：“这场火灾，开始较小，发现较早，本来可以及时扑灭。却由于二人一问一答，把众人都引向了苦水巷，致使苦水巷堵塞，挑不出水来，延误了救火时间，造成了不小损失。这二人为什么要这样做呢？他们是无意误导，还是有意诱导呢？如果只是出于自私，欲留甜水饮用，那还情有可原。倘若是事先编排，有意要让火越烧越旺，那就值得怀疑。究竟属于哪种情形？有必要彻底查清。既不能冤枉一个好人，也不能放走一个坏人。要查案就先要查清这二人是谁。但是众人救火，又是夜间，面目不清。仅凭声音，查找二人，犹如大海捞针。必须锁定对象，缩小范围。好在，从二人知道甜水巷、苦水巷，可见对地形十分熟悉，有可能就是附近居民。”包公反复思考，仔细分析。当晚召见张千、娄青，布置破案事宜。

第二天，张千、娄青访问火场附近居民。询问他们昨晚是否参与救火，为何都去苦水巷挑水，不去甜水巷挑水。

众人言道：“附近住民都知道，苦水巷的水苦，甜水巷的水甜。当时人们正在慌乱之际，听人一说，挑苦水巷的水，不假思索，便都去苦水巷挑水。后来经包大人提醒，才恍然大悟。救火如救命，不该分什么甜水、苦水。”

张千、娄青询问：“昨晚带领大家去苦水巷挑水的二人是谁?”

有熟悉二人的回答：“听说话声音，像是甜水巷的居民李培和苦水巷的居民吴徕。”

张千、娄青即召集甜水巷、苦水巷参与救火的人员开会，以开封府拟奖励救火有功人员为名，请大家推荐受奖人员。人们不知推荐谁好，张千、娄青提示说：“譬如，昨晚救火走在最前面，带领大家去苦水巷挑水的两位。”有认识二人者，便将李培、吴徕拉扯到张千、娄青面前。

张千客气地问：“你们叫什么名字？家住哪里?”其中一人回答：“我叫李培，家住甜水巷。他叫吴徕，家住苦水巷。”娄青问：“是否你们带领大家去苦水巷挑水?”李培、吴徕听说有奖，受宠若惊，点头称是。张千、娄青回报包公。包公命调查李培、吴徕的情况。很快查明：“李培和吴徕，曾因偷盗本街居民金富家的财物，被金富告到开封府，判了3年刑，刑满释放后，仍不务正业。昨晚失火的正是金富家。”

包公认为李培和吴徕有作案动机，可能因偷盗被判刑，对金富怀恨在心，故意纵火进行报复。遂将二人列为重大嫌疑人。但是，没有证据，不能定罪。那么怎样获取证据？包公吩咐张千、娄青依计而行。

第三天，张千、娄青找到名叫冀伶的耳目，给他五两纹银，让他以祝贺为名，邀请李培、吴徕饮酒。至午，三人来到酒馆。冀伶点了一桌丰盛酒菜，端起酒杯，恭喜二位。李培、吴徕问："喜从何来？"冀伶说："昨日被荐，来日受奖，值得庆贺。"受贺的二人相视一笑。三人频频举杯，喝得酩酊大醉。冀伶不忘提及救火话题，却见李培、吴徕嘿嘿冷笑。冀伶问："笑什么？"二人说："笑包公。人都说包公料事如神，不想被我俩瞒过。我们是有意将众人都引向苦水巷，巴不得火越烧越旺，最好连开封府也烧它个片瓦无存！"

近在邻桌饮酒、监听的张千、娄青听到这话，起身质问："是谁要将开封府烧个片瓦不存？跟我们去开封府走一趟!"随即亮出腰牌，出示传票，将二人拘传到开封府。包公令将其暂押，待酒醒后再审。

其间，包公命张千、娄青速去李培、吴徕家搜查，果然搜出硫磺等引火之物。

李培、吴徕醒后，自知酒后失言，又见搜出引火之物，只得如实供认："因盗判刑，怀恨在心，故意纵火；事先编排，将人们引向苦水巷，有意要让火越烧越旺。"

包公令二人画供，枷入死囚牢内。

第四天，包公升堂，公开宣判："李培、吴徕犯故意纵火罪，判处死刑，秋后问斩。"旁听群众无不认为李培、吴徕是罪有应得，"玩火者必自焚"！大家还称赞包公对这起纵火案，分析推断合情合理，调查取证缜密细致。

假皇子

北宋仁宗皇佑二年，京城汴梁发生了一件轰动朝野的大案。有一青年，名叫冷清，自称皇子，遍访六部衙门，要求进宫面君，认祖归宗。

冷清说："我母亲原是宫女，曾得皇上临幸，身怀有孕后，被遣散回家，不久生了他，有御赐龙凤绣抱肚为凭。"

仁宗自从当上皇帝，就希望早生皇子，但一直未能如愿，内心十分着急。后宫佳丽，妃嫔宫女，曾得仁宗临幸，不计其数。每临幸一次，仁宗就赐与龙凤绣抱肚一个。仁宗几次遣散宫女，准其还乡嫁人。这些遣散宫女在外边生了孩子，其中是不是真皇子？仁宗自已也说不清楚。如果冷清是真皇子，仁宗后继有人，皇上后顾无忧，那是一件幸事。倘若冷情是假皇子，却被仁宗误认，后果不堪设想。事关社稷安危，务必慎之又慎。冷清母亲是不是遣散宫女？龙风绣抱肚是不是皇上亲赐？冷清究竟是不是皇子？怎样查清这些问题？”只有“解铃还需系铃人。

此事沸沸扬扬，闹得满城风雨，朝野议论纷纷。仁宗闻知，将信将疑，犹豫不定。而早朝廷议，又有意见分歧。有的大臣认为：“冷清假冒皇子，招摇撞骗，扰乱治安，论律当诛。”有的大臣主张：“是真是假，应当查明；若是皇子，接回宫中；如是假冒，依律处治。”

仁宗觉得后一种意见言之有理。然查明真假皇子，由谁负此重任？众大臣举荐时任天章阁待制的包拯包大人。仁宗深知包拯清正廉明，善断疑难，屡破奇案，便颁旨命他查处此案。

包公接旨，深知此案非同小可，责任重大。连夜召见家人包兴，面授机宜。

次日，包兴扮作豪客，找到冷清，请到酒馆，设宴款待，频频劝酒，冷清开怀畅饮。包兴见冷清喝到七八分醉，口无遮拦，便同他拉起了家常。冷清酒后吐真言，道出了家庭情况：冷清家有四口人，父亲冷绪，在京城开药铺；母亲王氏，原是宫女，出宫后嫁与冷绪，生姐弟二人；姐叫冷艳，弟名冷清。

包兴即刻回禀包公：“冷清有个姐姐。”

包公认为这一情节至关重要。遂微服私访，向冷绪的街坊邻居打听到：“王氏出宫一年后，嫁与冷绪，先生一女，后生一子。”

包公亲自询问王氏：“何时入宫、出官？何时改嫁、生育？”

王氏答道："天圣元年进宫，三年出宫，四年嫁冷绪，五年生冷艳，六年生冷清。"包公问清了冷艳、冷清的出生年月，从时间上排除了冷艳、冷清是皇女、皇子的可能性。包公问王氏："可有御赐龙凤绣抱肚？"王氏言道："有，是皇上临幸时所赐。"但她翻箱倒柜，寻找不见。包公告诉她："龙凤绣抱肚现在冷清手里。"又问她："是否知道冷清冒充皇子之事？"她浑然不知，还说："此子从小不务正业，到处游逛，最近不知到哪里去了。"

包公回府，心里纳闷："冷清不过是个无知青年，他怎么想起冒充皇子来了？这可是杀头之罪！幕后是不是有人唆使？"

包公命包兴秘密跟踪冷清，看他跟谁来往，谈论什么。很快，包兴发现冷清常与道士高继安来往。包公下令调查高继安的情况。包兴很快查明："高继安曾因诈骗被判刑，刑满释放后回到京城，在京郊一道观当道长。"

这日，包兴见冷清去了高继安道观，便越墙潜入观中，窃听二人谈话。只听高继安问："大事进行得怎样了？"冷清答道："我已遍访六部，朝廷将信将疑。"高继安出主意道："你不用害怕，要装出俨然一副皇子样。万一不行，就佯装癫狂。"然后，高继安让冷清留宿道观，以备彻夜商淡。包兴急速回报。

包公命他带人连夜包围道观，拘捕高继安、冷清到堂讯问。包公先审冷清，冷清仍自称是"皇子"。包公问："你是不是还有一个姐姐？你姐姐不说自己是皇女，你又怎么是皇子呢？”冷清无言以对，在无可辩驳的事实面前，他不得不低头认罪。包公问：“你怎敢冒充皇子？”冷清供称：“是受高继安唆使。”

包公令冷清画供，暂押一旁。包公又审问高继安，高继安知冷清已招供，只得如实交待唆使冷清假冒皇子的经过：

原来高继安风闻仁宗无子，是个“皇子迷”，认为有机可乘。其后遇见冷清，并听他盲道“其母原是宫女，曾得皇上临幸，并有御赐龙风绣抱肚”。高继安便教他自称皇子：“一旦仁宗认下，你就是太子，将来就是皇帝。我就是大臣。”

包公遂令高继安画供，将高继安、冷清枷入死囚牢内。

此案真相大白。包公连夜写成奏折：“臣奉旨查明，高继安教唆冷清假冒皇子。事实清楚，证据确实，二人供认不讳。依律当斩。”并于第二天早朝，奏明仁宗。仁宗准奏。包公命从大牢提出高继安、冷清，验明正身，绑赴刑场，斩首示众。

包公不负众望，智查假冒皇子案，维护了京师治安与皇家秩序，受到仁宗嘉奖。

骗谷案

包公任开封府尹时，一日，门吏禀报称祥符县南街粮店店主蒋钦前来告状。包公命传蒋钦上堂，问他："你所告何事？为何不去祥符县衙诉告，而径直来开封府越级投诉？"

蒋钦回道："状告王虚、刘化诈骗我家谷物。祥符县衙不予受理，故越衙上诉。"然后详细陈述了事情发生的经过：

日前，祥符县南乡王虚、刘化自带车夫，前来蒋钦粮店购谷。二人用银10两，购得谷子10布袋，每袋100斤。装车运走，行了数里，又将谷推回，声称量少货轻，要求退货退银。蒋钦见布袋原封未动，遂逐袋过秤，果然不足，只好退货退银。王虚、刘化走后，蒋钦感觉不对，打开布袋逐一查验，发现上面装的是谷子，下面装的是谷糠，方知王虚、刘化做了手脚。蒋钦找到王虚、刘化，二人不承认做手脚，反称蒋钦掺杂使假。

双方争执不下，相扭至祥符县衙。祥符县衙以无有证据为由，驳回原告起诉。蒋钦无奈，只得投开封府告状，请求包公明断。

包公准了蒋钦的诉状，让他回家候审，勿要声张。

“究竟是王虚、刘化诈骗谷物，还是蒋钦掺杂使假？谁是谁非？怎样查明？”思考过后，包公唤张千、娄青近前，面授机宜。

张千、娄青扮作客商，前往祥符县东街开一粮店，密借蒋钦谷子20布袋，内放青靛为记。开店营业不久，果然王虚、刘化来店购谷。用银20两，将20袋谷子全部购走，接着去而复还，言称重量不够，要求退货退银。张千、娄青见原封未动，同意退货退银。待王虚、刘化走后，逐袋打开查看，只见上面是谷，下面是糠。

张千、娄青回报包公：“蒋钦所告是真，王虚、刘化诈骗是实。两次诈骗，手法雷同。”“‘捉贼须捉赃’王虚、刘化将骗取的谷物藏于何处？怎样人赃俱获？”于是包公思得一计。

次日，只见开封府贴出告示，晓谕辖县百姓：“因建兴贤祠缺少钱粮。有民出粮10担者，给冠带荣身；出粮20担者，给下帖免差。令里正上报乡村富户。”里正知道王虚、刘化家粮多，将二人报官。王虚、刘化欲图免差，愿捐谷20担，遂调集车夫运谷到开封府交割。张千、娄青负责验收，果见谷内有青靛，即报与包公。

包公命将王虚、刘化拿下，带到开封府大堂审问。

包公问王虚、刘化："你二人这么多谷，从何而来？"二人回道："是收租来的。"包公命传蒋钦到堂，蒋钦指控二人诈骗他家谷物。王虚、刘化拒不承认，辩称是蒋钦家谷子缺斤短两，故尔退货退银。包公又唤张千、娄青到堂质证。王虚、刘化这才认出，祥符县东街新开粮店客商，原来是开封府吏员装扮的，惊得面面相觑。

张千、娄青将王虚、刘化交的谷子当堂打开，对他们说："这谷我们放有青靛做记号。"

这时王虚、刘化方知中计，只得承认诈骗经过：

原来他们是一群以王虚、刘化为首的诈骗团伙，专门诈骗人家粮食。他们在作案前，先派人踩点，购回一布袋谷子。然后用同样布袋，下装谷糠，上装谷子，将袋缝好，运至半途卸下，继而空车前去购谷。购得好谷，运到半途时即卸下好谷，再装上假谷，推回粮店，要求退货，取回银子。好谷即被同伙推走藏匿。他们一伙用这种调包术，已经骗得上百担谷子。

包公以诈骗罪，依律判处王虚、刘化等人流刑，发配边远服役。追还蒋钦谷30担，余谷发还其他被骗货主。

丹凤砚

包公曾任端州知州，端州盛产名砚，包公却不为所动，在任期间不用一端砚；任期届满不持一砚归。可他在离任时，却有一老砚工趁送行之机，将自己精心制作的一方端砚，用布裹好，悄悄塞到船上，被包公发现后立即奉还。这位老砚工为何执意要送包公一方上好端砚呢？原来，他曾被人诬陷，蒙冤数载。是包公为他平了反，因而十分感激。

这老砚工姓刘名善良，家住端州高要县沙浦乡。世代制砚，祖孙相传，手艺精湛，远近闻名。他家制作的端砚，做工精细，优点独特：石质坚实，纹理细密，发墨不涸，溜不损毫，书写流利。经他手制出的精品砚台有：胭脂搽、蟾蜍砚、玉灵阴鉴、紫花虹霓、丹风朝阳砚等。方方价廉物美，文人墨客争相订购珍藏。

那一年，本县秀才艾四宝来找刘善良，请他雕刻一方“丹凤朝阳砚”，先付订银10两。刘善良精雕细刻，制出了一方上好端砚，精美绝伦。不料本乡财主刁天霸听说后，让管家刁小三多带金银，随他到刘家购砚。刁天霸见到“丹凤朝阳砚”，果是一方宝砚，爱不释手，愿出高价购买。刘善良告诉刁天霸：“此砚早有人订购，已付订银10两。”刁天霸对此砚垂涎三尺，出言不逊：“他付10两纹银订购，我出10两黄金购买。”刘善良为人耿直忠良，极讲诚信，经营固守约定。他对刁天霸声言不能见利忘义，失信于顾客。刁天霸恼羞成怒，扬言：“你不卖给我此砚，我叫你砚坊开不成!”

可他不管怎样威胁利诱，刘善良硬是不答应。刁天霸只好悻悻离去，回家后，余怒未息，暗自生出一条毒计。倚仗他同知县熟悉，刁天霸即杜撰一纸诉状，命管家刁小三持信带银，随他到县衙面见臧知县。刁天霸呈上诉状，臧知县拆启观看，状曰：“本县沙浦乡民刁天霸，家有祖传‘丹凤朝阳砚’一方。日前发现丢失。管家刁小三见到本乡刘善良家有一方‘丹风朝阳砚,，正是我家失窃之砚。恳求大人追回宝砚，惩治窃贼。”另信，书云：“奉上纹银400两。300两谢大人，100两赏衙吏。”

臧知县见银眼开，心领神会。让刁天霸二人稍等。命差役即刻捉拿刘善良到衙，并提取“丹凤朝阳砚”归案。臧知县升堂，审问刘善良：“你偷盗刁家祖传‘丹风朝阳砚’，现有刁小三见证。还不从实招来！”刘善良大喊冤枉。臧知县不容分辩，命用大刑逼供。刘善良年迈，不堪刑讯，昏厥过去。书吏与衙役捉住他的手，在早已写好的供纸上按下手印，然后用冷水将他泼醒。臧知县当堂宣判：“刘善良偷盗刁家祖传宝砚，判处徒刑4年。‘丹凤朝阳砚’判归失主刁天霸。”刁天霸当堂将“丹凤朝阳砚”捧走，回家珍藏。

刘善良刑满释放后重操旧业，听制砚工友传说：“新任知州包公，关心砚工疾苦。规定‘贡砚’只征原额，不准加码。并以身作则，在任不用一端砚。”于是认定包公是位清官，便书写了申诉状，到端州衙门击鼓鸣冤。

包公看了申诉状，详细询问了案情，决定复查此案。让刘善良回家候讯，不要声张。包公微服走访了高要县秀才艾四宝。艾四宝证明：“4年前，我曾找刘善良订做‘丹凤朝阳砚’，并付订银10两。后去取砚，听说刘善良被县衙捉去判了刑，‘丹凤朝阳砚’判给了刁天霸。”包公又找到当年在刘善良砚坊帮工的李如实，李如实证明：“‘丹凤朝阳砚’是刘善良亲手雕刻制作的。刁天霸欲购，遭到拒绝，便诬告刘善良偷盗。臧知县不分青红皂白，以偷盗罪判了刘善良四年徒刑，将‘丹凤朝阳砚’判归刁天霸所有。”

包公暗思：“案情真相基本查清，但本案关键是提取物证‘丹凤朝阳砚’。提取物证，办法有二：一是硬搜，二是智取。硬搜，不知砚藏何处，倘若搜查不出，反而弄得被动。还是智取为好。但怎样智取？”

好在衙吏早有耳闻，说刁天霸附庸风雅，喜藏文房四宝，爱收名人字画，这让包公想出一个智赚丹凤砚的妙计。

这日，包公带衙吏林世敏、周志航下乡访查民情，先到高要县沙浦乡。刁天霸闻知，生怕包公去了刘善良家，早在路口迎候，邀请包公先到他家。包公一行将计就计来到刁家，见中堂挂了不少字画。包公兴趣盎然，逐幅观赏。

林世敏悄声对刁天霸说：“包大人酷爱书法。他的字笔法端劲，风格瘦硬。”刁天霸动了心：若能求得知州大人一幅墨宝，则满堂生辉，自己将身价百倍。于是恳求包公为他题字。包公托词道：“未带文房四宝。”刁天霸一听乐道：“我家文房四宝，应有尽有。”包公饶有兴趣地问：“都有什么珍品？可否让本官鉴赏一番？”刁天霸为了求得包公字画，便欣然答应，领包公前往书房。包公见满屋文房四宝，琳琅满目，心想：“不知内中是否有‘丹凤朝阳砚’？”

刁天霸陪着包公浏览，逐件讲解。当介绍到“丹凤朝阳砚”时，包公见此砚熠熠生辉，确是上乘作品，便问此砚来历。刁天霸一惊，忙说：“是祖传的。”包公又问：“为此砚是否经过一场官司？”刁天霸心里发虚，勉强回道：“此砚曾丢失，诉告到县衙。经知县查明是刘善良所盗。贼人被判刑，宝砚判归本人。”

包公正色道：“据本官调查，‘丹凤朝阳砚’确系刘善良雕刻制作的。你欲购买，遭到拒绝，就怀恨在心，诬告陷害。是也不是?”刁天霸惊得目瞪口呆。包公命传刘善良到场辨认，刘善良指认此砚正是自家所制。包公就此砚台发墨，拿起毛笔，在纸上写了赫然8个大字：“物归原主，诬告反坐。”

包公命林世敏、周志航将刁天霸、刁小三锁了，提取“丹凤朝阳砚”，返回州衙。

包公升堂，先审刁小三。刁小三心惊胆战，不得不供出刁天霸用银子贿赂臧知县，里外串通夺取宝砚的事实。

包公再审刁天霸。刁天霸知刁小三已供，又见人证物证俱在，只好低头认罪。包公以诬告罪，依律判处刁天霸徒刑四年；以伪证罪，判处刁小三杖刑40；书吏徇私舞弊，杖责20，削职为民；同时包公奏明皇上，将贪赃枉法的臧知县，革职流放。而“丹凤朝阳砚”判归原主刘善良所有。

刘善良兑现承诺，将此砚卖与秀才艾四宝。

和尚冤

池州江边有座古寺。寺内有位和尚，法名悟净。一天早晨，悟净开启寺门，发现门前躺着一人。近前一摸，鼻息全无，身体僵直，是具死尸。悟净怕连累本寺，忙将尸体移到寺后林间，悄悄挖坑掩埋。以为无人知晓，不想被一樵夫看见。樵夫当即报告县衙。知县命樵夫带路，带领仵作、衙役前往现场挖掘，果然挖出一具尸体。

经仵作检验："死者为中年男性，胸部有锐器伤两处，深达胸腔，系心脏受创致死。"

知县升堂，审问悟净："死者是谁？是否你杀人？为何移尸匿埋？"悟净回答："不知死者是谁，人不是我杀的。恐累及本寺，故移尸匿埋。"

知县见一问三不知，认为悟净不老实，便命大刑伺候。悟净大喊冤枉。知县掷下令牌，衙役动用大刑。悟净熬刑不过，被迫供认杀人。知县以杀人罪判处悟净死刑，秋后问斩，并将案卷及人犯解送州衙复审。

新任知州包拯，走马上任，一到池州，白天察访民情，夜晚审阅案卷，对死刑案件，倍加仔细认真。因为包公认为死者不能复生，万一造成冤案，便将尤法挽回。

这晚，包公细研“悟净和尚杀人一案”，发现情节可疑，漏洞百出：一是死者是谁，没有查明；二是杀人原因，没有审清；二是杀人凶器，没有找到。

包公命画师去狱神庙，将死者头像画在纸上。令衙役持画像到古寺附近村庄，向问有无此人。衙役在庙西村查到此人叫吴财，最近失踪，家中只有媳妇俊花。衙役询问俊花，证实死者是她丈夫。俊花说吴财是上山砍柴而一去不返。但询问时，衙役发现俊花听到丈夫死汛后，光干嚎不下泪，哭声亦不悲痛。

包公暗析：“此案看来不像仇杀或者图财害命，会不会是奸情出人命？发现丈夫失踪，为何不报官？听到丈夫死讯，为何不悲痛？实在不近情理，俊花值得怀疑。”

包公令衙役去庙西村微服暗访。得到村民反映：“本村光棍单汉常去俊花家，二人关系暧昧。”“单汉与俊花有无奸情？是否因奸杀人？怎样查明？”包公召狱吏近前，面授机宜。

狱吏将一名已核准死刑的杀人犯剃光头发，假充僧人。包公命提出假和尚，押赴市曹斩首，随后张贴布告，称江边古寺和尚悟净因杀人被斩决。同时，密派衙役换上便衣，去古寺附近村庄探听，看人们有何议论。

庙西村一老汉听说和尚被处死，叹道："可惜这和尚枉了性命。"衙役询问因由，老汉道："本村单汉与俊花私通。村民们都怀疑是奸夫淫妇谋害本夫。""捉奸捉双"，包公命衙役夜间埋伏在俊花家附近，蹲坑守候。

果见当晚三更许，有一男子悄悄来到俊花家门前，轻轻叩门。门即开启，男子闪进。衙役潜到窗下听他们谈话。只听男的说："好消息，和尚替咱们做厂替死鬼。咱们可以做永久夫妻了。"躲在窗外偷听的衙役一拥而进，将这对奸夫淫妇捉拿归案。

原来那天夜里，我带一把尖刀，潜入俊花家。乘吴财熟睡之机，朝他胸膛猛扎一刀，怕他不死，又补了一刀。然后伙同俊花连夜将尸体抬到扛边古寺门的。为的是转移视线，嫁祸和尚。包公问："杀人凶器藏于何处?"单汉供："埋在我家后院。"

包公即派衙役去单汉家后院刨出尖刀一把，随即命将单汉、俊花、悟净带到大堂，判道："单汉、俊花合谋杀害本夫，依律判处死刑，立即斩决。和尚悟净，无罪蒙冤，当即释放。"

到这时，单汉、俊花如梦初醒，才知原来被斩决的是假和尚，他们是中了包公的计谋。

捉 贼

北宋仁宗嘉佑年间，汴京城内小偷成群，猖獗一时，时而东家失窃，时而西家被盗，扰得人心惶惶。就连西夏宾客的财物也不翼而飞，影响了朝廷的声誉。仁宗皇帝面谕新任开封府尹的包拯，令具限期破案，捉拿群贼，维护京师治安秩序。

包公回府，暗自思忖："窃案累累，如何侦破？倘若一件一件地破，旷日持久，不知破到哪年哪月。小偷众多，怎样捉拿？如果一个一个地捉，费时费力，难以在限期内完成使命。俗话说'擒贼先擒王'。小偷成群结伙，每伙都有头领。只要抓住头领，令其供出同伙，便可一网打尽。积案随之告破，事半而功倍。"

包公主意已定，即召张龙、赵虎、王朝、马汉、张千、娄青等人近前，面授机宜，如此这般地布置一番，让他们分头行事。

遵照包公的吩咐，张龙等人换上便衣，分头到小偷经常出没的场所，蹲坑守候。发现小偷，不立即捉拿，而是暗中跟踪，看他们将窃物交到哪里。以此放长线钓大鱼。这样，很快查清了全城小偷头领的数目、姓名、住址。一天夜里，包公令张龙等人悄然出动，将小偷头领们密捕到开封府大堂连夜审汛。

包公端坐在大堂之上，将惊堂木一拍，高声喝道：“尔等知罪否？”

这些小偷头领自知罪行严重，一个个磕头求饶。

包公对他们说道：“只要你们协助官府捉拿众小偷，立功赎罪，本府可以网开一面，既往不咎。”

众头领立下保证书，愿意立功自赎，但担心小偷们一旦知道是自己供出他们，日后会遭到报复。包公思付片刻，出了个两全之策，打消了头领们的顾虑，让他们回去听候通知，照计而行。

春节临近，天降大雪，雪地上留下行人深深的脚印。包公见时机已到，遂令张龙等人秘密通知小偷头领：“今晚宴请众小偷。”

头领们接到通知，马上准备酒席，请本门所有小偷到家晚宴。小偷们听说头领请喝酒，兴高采烈，欣然前往，无一缺席。

酒宴开始，头领言道：“除夕临近，奉头领今晚宴请各位兄弟。大家尽可开怀畅饮，一醉方休。”

小偷们大口吃肉，大碗喝酒，吆五喝六，杯盘狼藉，一个个喝得酩酊大醉。酒宴三更才罢。头领嘱道：“今晚大家酒足饭饱，各自回家团聚去吧。雪深路滑，你们酒酣近醉。我给你们每人准备了一根竹棍，拄着好走，以防跌跤。”

众小偷齐声谢道：“还是头领想得周到。”于是，个个出门拄棍，步履蹒跚，住家走去。

喝得迷迷糊糊的小偷们，谁也没有想到，走到半路，他们一个个被跟踪而至的衙役、官兵捉住。原来头领们按照包公的计策，早已将这些竹棍挖空了心，里面填满了搀和墨汁的草木灰。小偷们一走一拄，雪地上留下一行黑点，包公命衙役、官兵预先埋伏在头领家周围，待小偷们出来，顺着黑点，分头跟踪，途中逮捕。小偷们稀里糊涂，被蒙在鼓里，不知自己怎么被逮住的，这晚，官府共捕到上百名小偷。

一下子，积案全部告破，赃物大部追回。其他罪犯亦闻风而逃，销声匿迹。从此，京城秩序井然，百姓安居乐业。

打 羊 皮

相传雍州太守李惠是一个聪明机智的官员，很受百姓爱戴。他智判羊皮的故事流传至今。

某天，李惠正在后堂读书，忽然堂鼓被敲得山响。李惠赶紧升堂。原来是一个盐贩子和一个樵夫为了一张羊皮来打官司。二人各扯住羊皮的一头，互不相让，都说那张羊皮是自己所有。

樵夫抢先说："大人，我们二人只不过是在路上萍水相逢，结伴赶路而已，中途累了，我们便一起坐在树下休息。我好心，怕他坐在地上受凉，就把随身带着的一张上好的羊皮借给他垫在下面，谁知要赶路时，他居然卷起羊皮就走，说铺在地上的这块羊皮是他的，请大人明鉴啊！"盐贩子也说："大人，他在撒谎。羊皮明明是我的。我带着它走南闯北，整整用了5年。请大人为我做主啊！”

“大人，这张羊皮的确是我的。我进山砍柴时披着他取暖，背柴的时候把它垫在肩头。怎么能随便被别人冒认呢？”

二人在大堂上各说各理，吵得不亦乐乎。李惠想了想，问：“当时还有其他人在么？”二人都摇头说没有，当时树下休息的只有他们二人。

说完又吵了起来。李惠观察二人表情，发现二人都是面相老实的百姓，樵夫能说会道，而盐贩子总是说不到几句就被樵夫的抢白打断了话。二人吵架的声音越来越大，拽着羊皮扯来扯去。李惠看着眼前拔河一样来去的羊皮，忽然心生一计。

“不要吵，本官自有办法。”李惠一拍惊堂木，威严地说。

“既然你们都说羊皮是自己的，此事又是因为羊皮而起，我看，罪魁祸首就是这个羊皮，来人啊，给我打羊皮，打它40大板，它一定会说出谁是主人。”堂下听到的人愣住了，都觉得可笑。难到一向精明的县令大人读书读傻了不成？羊皮怎么可能说话呢？但是大人的吩咐又不能不听，所以差役们还是按照李惠的吩咐，一五一十地打了羊皮40大板。打完后，李惠拎起羊皮看了看说：“羊皮已经招供，它的主人是盐贩子。”樵夫一听，马上反驳说：“大人，这不公平。羊皮怎么会说话？再说，它明明是我的呀。”“大胆还敢狡辩！”李惠指着地上的盐屑说，“这些明明是刚才拍打羊皮掉下的盐屑，如果这张羊皮是你的，怎么会掉下盐屑而不是柴草呢？”

大家这才明白李惠拷打羊皮的用意。樵夫也跪在地上，承认了自己的错误。

这则故事说明，：遇事不能见利忘理、巧取豪夺。你可能欺瞒一时，不能欺瞒一世；想要贪小利，到头来偷鸡不着蚀把米。在世为人还是诚实守信的好。作为决疑断案者，要直接或间接地具备世事苍生的生活经验，这样才能使事实真相最大限度地接近客观真实。

陈之茂正直无私

这是800多年前南宋时代的事。

陈之茂，字阜卿，无锡人。宋高宗绍兴二年进士。六年，为休宁尉，三十年，为秘书省著作郎、监察御史。三十一年，出任吴兴知县，次年又任平江知县。孝宗隆兴元年开始管理建康。后来，他的能力得到皇帝的赏识，成为管理贡院的官员，专门负责批阅每年科举考试的卷子，为国家挑选得力的人才。

某年大考，离西湖不远的贡院大门，在中秋节的前十天已经落锁。这是当时的规矩：参加考试的人，都要锁在厅上，不准与外界沟通，独立通过各个考试项目。主考陈之茂阅完卷子，挑出最好的几份，准备当众启封。忽然，考官魏师逊走来，悄悄说道："陈公！我们快要富贵了！"说着，又用手指指窗外。陈之茂抬眼望去，只见庭前站着一位少年，看去不过十六七岁，却穿着紫色章服，闪闪的佩鱼悬在腰间。

“怎么，这孩子这么年轻已做到三品高官啦？”陈之茂问。

“那还是9年前，皇帝亲自到太师家里，赐给他的。”魏师逊谄媚地说：“他是太师的长孙——秦埙。”

“是秦太师的孙子啊！”陈之茂心里明白了，却装作恍然大悟：“既然已做大官，何必还来参加考试？”

“太师府来人示意，要秦埙得个‘状元及第’……”

原来南宋朝廷举行“锁厅试”,即大员子弟和宗室后裔参加的专门考试。担任这次考试的主考官就是朝臣陈之茂。

开考前，秦桧特地把陈之茂请到宰相府，暗示孙子秦埙参加考试，希望取为第一。这几天里，陈之茂的脑海中总是萦绕着秦桧的影子；同时，又不断浮现出岳飞父子、张宪、牛皋许多被秦桧所害的人的影子。试卷启封了，他几次复核秦埙的成绩，同别人的文章比较。发现有一份试卷文笔流畅，很有见解。秦埙的文章比较之下实在相形见绌。最后，他坚决地丢下秦埙的考卷，当众宣布另一人为本届省试第一。魏师逊等趋前张望，见那卷首的题名是——陆游。

发榜后，秦桧见第一名是陆游而不是自己的孙子，气得怒骂主考官陈之茂当杀。

28岁的诗人陆游，当时已经名满江浙；而且，他的试卷确是文采洋溢。魏师逊无奈，只得将秦埙列为第二，打算到殿试时再设法攫取状元。

殿试之后，有人揭发，秦埙的卷子上尽是他祖父和父亲的文章，陆游倒是真才实学。然而结果却是：陆游落了榜，若问陆游落榜的原因，是秦桧在他的文章里，发现了“恢复国土”的议论。

陈之茂为陆游据理力争，却遭到了秦桧的陷害，直到秦桧被杀，朝廷才有召回了不畏权贵、只认才华的陈之茂。

海瑞智惩胡公子

海瑞是明朝著名清官。他为政清廉，洁身自爱。为人正直刚毅，职位低下时就敢于蔑视权贵，从不谄媚逢迎。一生忠心耿耿，直言敢谏，曾经买好棺材，告别妻子，冒死上疏。海瑞一生清贫，抑制豪强，安抚穷困百姓，打击奸臣污吏，因而深得民众爱戴。他的生平事迹在民间广泛流传，经演义加工后，成为了许多戏曲节目的重要内容。

相传在明嘉靖三十八年，当朝红人浙闽总督胡宗宪的儿子胡公子带着父亲的亲笔信帖、家丁、豪奴外出游山玩水，一路上到处巧取豪夺，为所欲为。沿途的官员因为惧怕胡宗宪的权势，都睁一只眼闭一只眼，也不敢管。如此一来，胡公子更加有恃无恐。

这一日，胡公子来到严州府。严州知府见是当朝相国严嵩的红人胡宗宪的儿子来了，哪敢怠慢。胡公子玩了几日，准备到淳安去，但听说淳安知县海瑞很难说话，于是向知府打听海瑞这个人。知府含糊其辞，胡公子以为海瑞一个小小的知县，无论如何也不会不给自己老爹的面子，一定还好说话。于是派家丁拿着父亲的信帖前去安排。

淳安县管接待的冯驿丞犯了难，拿着信帖跑去向海瑞请示。冯驿丞对海瑞说："照朝廷的章程，我们完全可以不接待，不过只怕这样胡大人会责怪。"海瑞沉吟片刻说："如有空房子，就让他们住下，一日三餐，按一般人的伙食标准招待就是了。"冯驿丞说："大人，胡公子一路走来据说都是大鱼大肉，高床暖枕，还要有歌舞陪唱，您这样，一定会得罪他的。"海瑞笑着说："我是一县之主，不管出什么事，都由我承当。"

过了几日，胡公子前呼后拥地来到淳安，刚一坐下见饭桌上只有瓜豆蔬菜，气得脸色发白。拽过冯驿丞，指着桌子问："本公子远道前来，就给我吃这些东西?"说完吩咐手下人把冯驿丞绑到树上，拿着鞭子开始打。

打了几鞭，突然听见有人喊："住手!"原来海瑞带着下属捕快飞速赶到，看到冯驿丞正被捆在树上，身上的衣服还被鞭子划破了，海瑞大怒。吩咐下属把胡公子和众家丁统统押到衙门里去。

胡公子登时傻了眼，一路走来哪里的官不是对自己毕恭毕敬的招待，这个海瑞居然还敢绑自己，破口大骂道：“海瑞，你敢绑我！也不看看我是谁！”海瑞看着被捆得如同粽子一般的胡公子，假装害怕，轻声问道：“不知阁下是哪家的公子？”

胡公子长舒了一口气，以为海瑞终于害怕了，洋洋自得地说：“我爹是胡宗宪胡大人！”

说完就等着海瑞给自己松绑。

在众人都为海瑞捏了一把汗的时候，海瑞却不慌不忙地回答：“你可知道朝中严老太师曾再三再四夸奖胡大人的清廉正直？”胡公子一听，十分得意：“既然你知道严老太师十分看重我父亲，那还不快向我赔罪！”海瑞却把脸色一放，喝道：“大胆刁民，你胡作非为，殴打本县驿丞，哪一点像清正廉洁的胡大人？”海瑞又一拍惊堂木：“你分明是冒充官亲，招摇撞骗，败坏总督大人名声，左右快与我打他40大板！”衙役把胡公子掀翻在地，结结实实的打了40大板，直打得那个纨绔子弟哭爹叫娘，求饶不断。随后又吩咐将冒充官亲的罪犯押入监牢。

退堂下来，冯驿丞说：“海大人，他确实是胡公子啊！”海瑞笑了：“我不说他是冒充官亲，怎么能打他40大板呢？”

海瑞把查办冒充官亲之事写了公文，并提到：犯人带有盖着总督府朱印的信件，请求彻底追查。严州知府知道胡公子碰了个硬钉子，暗暗高兴。但不敢沾手此事，也不过堂，忙把犯人解送杭州。

海瑞敬畏总督，为了“维护”总督名声，才查办冒充官亲的游民，总督大人实在是哑巴吃黄连——有苦说不出。

海瑞不畏强权，运用自己的聪明才智处理了这一案件，既处罚了胡公子叫总督有苦说不出，又维护了自己做官的尊严和对自己做官原则的坚持，达到了双赢的目的，在当时封建专制的社会里真是难能可贵。

深井辨尸

明朝时，有个叫张杲卿的人当润州知府，曾处理过一桩谋杀案。

一户人家，有夫妇两人。一天男人外出，当夜未归。女人忧心忡忡；次日女人倚门而待，望眼欲穿，男人又是未归；第三天，女人红肿着双眼，痴等丈夫归来，结果还是不见人影。左右邻居都说这女子痴情，苦等丈夫，真是夫妻情深。

就这样又过了几天，忽然有人传报："你家菜园的水井里有一具尸体哪!"

女人听了，全身像筛糠似地抖颤着，匆匆跑到井边张望，果然隐隐约约见一具漂浮在水面上的男尸。女人看罢，坐在地下便号啕大哭起来，一边哭，一边叫："我的亲人啊!"还将头往井栏圈上撞，又想往井里跳。旁边的人看看于心不忍，纷纷动手将她拦腰抱住。

当即，几个好心人劝住女人，一起去向官府报案。知府张杲卿听罢女人的哀哀哭诉，好言安抚她说：“务请节哀。到底是自杀，还是他杀，本官自会破案。”

邻舍说：“他们夫妻十分恩爱，丈夫几天不回家，她都站在门口傻等，况且这个女人又向来贤慧、本分，男人绝不会自杀的。”

女人听罢越发伤痛欲绝，竟悲伤得晕了过去。张杲卿令左右用冷水中将她擦醒，又好言劝慰道：“你要相信本官一定会替你作主，把案子弄个水落石出的。”说完，当即吩咐备轿上路，径直到案发现场去。

到了菜园，张杲卿叫女人和邻居们都围拢在井旁，向下面细细端详。过了许久，张杲卿问道：“尸体是不是这位女人的丈夫啊？”

女人忙大哭道：“是啊是啊！大人一定要替奴家伸冤哪！”

张杲卿说：“你不必悲痛。请问大家，你们看是不是她丈夫哪？”

众人再看井里，复又面面相觑。终于有人说：”水井这么深，实在难以辨认清楚。”

另一个人说：“请大人让我们把尸体捞出来辨认吧。”

张杲卿笑道：“现在先不必忙，当然以后总要装棺入殓的。”说完，对女人大喝一声道：“好个刁猾的淫妇！你勾结

奸夫谋杀了亲夫，还装出悲恸的样子来蒙骗本官吗？”

在场的众人如同听得晴天霹雳，一个个都楞了。唯独那女人重新又痛哭起来，边哭还边叫喊道：“张大人，您可不要血口喷人哪！我与我丈夫感情很好，怎么会杀了他呢？”

邻居也纷纷为她求情：“大人，我们平时看她规规矩矩，对大夫体贴照顾，从没见她与不三不四的男人有勾搭行为。”

张杲卿笑道：“我问你们一个问题：这么深的水井，大家都认为井下的尸体是无法确认的，为什么独独她就认定是自己的丈夫呢？除了说明她早就知道这件命案外，还能有什么合理的解释呢？”

众人一个个噤若寒蝉，不能作答，那女人顿时收住眼泪，面色变得死白。

张杲卿吩咐差役将女人收押。经过审讯，果然是女人同奸夫合谋杀死了亲夫。

荆 花 案

有个官员叫许进，官至兵部尚书。在他任山东县令时，曾办过一个案件，利用他的经验与智谋，为一个村妇洗刷了“谋杀亲夫”的罪名。

有一天，正是农忙季节，有个村妇到地里为丈夫送饭。不料丈夫吃了妻子送去的饭菜，不一会就倒地身亡。仵作说那男子身体强壮，并无痼疾在身，而且面色青紫，很明显是中毒而死。人们当然要怀疑村妇在饭菜中施放了毒药。死者的父母就状告县衙，村妇见自己的丈夫居然被自己的鱼汤毒死，吓得六神无主，更无法辩驳。

然而，许进审判案子一向慎重，他先了解到这对夫妇平时尚称和睦，夫妻也并无嫌隙，再经调查，知道村妇为人也颇守妇道，并无不轨行为。“谋杀亲夫”一说似乎与情理不符。但那村民确有被毒迹象，在村妇送去饭菜之前，并无进食，他怎么会中毒而死呢？也许事有别因。如何判断，倒也颇费周折。

许进对村妇说道：“我知你丈夫无故死亡，非常伤心，再遭罪名更觉冤屈，为搞清真相.你须把那日送饭菜的情况详细汇报。”

村妇哀哀哭泣，细细回忆。她说：“那天我在家做好了米饭、鱼汤，自己明明先吃了，再给先夫送去。我自己吃并无不适的感觉，但是不知道为什么夫君吃了却一命呜呼了，其中曲折，我也说不清楚啊。”

许进耐心地说：“你能把送饭的详情说清楚些么？”

村妇想了想，继续说：“我送饭到田头，要经过一片荆树林，刚进林中，忽见乌云黑压压的压上来，风也卷了起来，像要下雨的样子，我便加快脚步，哪成想盛鱼汤的瓦壶盖子在匆忙中掉在地上破碎了。但是当时我担心丈夫挨饿，又怕被雨耽搁在路上，送饭心切，就匆忙赶到地头。丈夫也怕下雨，就急忙吃饭，饭未吃完，大雨就倾盆而下，然后我的丈夫就倒毙在雨水之中了。”

许进对村妇的叙述细加分析。他又做了一次试验：他叫人煮饭烧鱼汤，再将荆花放入饭菜之中，然后给猪狗吃。哪知那些猪狗吃了这些饭菜之后竟然都莫名其妙的死了。死状和那个丈夫的症状一摸一样。

原来，村妇送饭菜时经过荆树林，由于壶盖摔破，荆花飘落汤中。荆花原是毒物，只是人们不识其毒罢了。那村民由于吃得匆忙，也没注意饭菜中的杂物，于是毒物进入体内，再加大雨一浇，死于非命。故村妇并非“谋杀亲夫”，而是凑巧酿成了一个事故。

死者父母见自己错怪媳妇，非常惭愧，村妇更是感激许进为自己洗刷了冤屈。此事传开后，人们对那荆花有了认识，此后再没有类似事故发生。

郑板桥巧治盐商

郑板桥是清朝有名的“扬州八怪”之一，他不仅画画得怪，说话办事有时也怪，让一些歹人恶人吃了不少苦头。

有一次，郑板桥在扬州东关，见一位妇女哭泣，一问，原来因欠了盐商的钱，盐商竟把她家的祖传大龙缸抬走了。郑板桥安慰了妇人几句，便去追抢缸的盐商。

在扬州西街，郑板桥追上了那伙人，只见盐商挺着肚子跟着，家人吭哧吭哧抬着大缸走。郑板桥上前打躬，问道：“掌柜的，这缸卖不卖？”盐商一听，心想，我本来是要钱的，这缸虽好，抬回去也没啥用，倒不如多要几个钱，卖掉它。赶紧回话：“卖呀！”

郑板桥问：“请问一斤卖多少钱？”

盐商一听，怪了，历来缸只有论只卖的，怎么论斤？细看郑板桥的打扮，倒像个书呆子，心想，这个人不懂行情，敢情耍耍他，便说：“5 钱银子一斤。”

郑板桥笑道：“啊，这么便宜，我要我要，快快快，抬到我家里去。”

盐商心里一算，这缸少说也有 200 斤，5 钱银子一斤，还不得 100 两银子？这不跟天上掉下个大元宝一样吗？他怕郑板桥耍滑，又紧着问：“你不反悔？”

郑板桥说：“一言为定！”

于是盐商让家人又抬着缸往东走。郑板桥装着脚上有病，一步挪不了三寸远，抬缸的压得受不了，让他快走。盐商急着做成这笔买卖，也不管人家受得了受不了，干脆让郑板桥坐到缸里，一齐抬着。到了东门外一个庙门口，郑板桥让停下，到庙里借把小秤出来，指着缸底说：

“老板，就在缸底上敲一块，称 3 斤给我！”

盐商一听，火冒三丈：“你这个混账，世上哪有把缸敲碎了论斤卖的？”郑板桥不急不忙地反问他：“唉，我和你说的是论斤买嘛！你怎么出尔反尔？”

盐商气急败坏地说：“我当你是买一只缸，一共多少斤重的。”

郑板桥呵呵笑道：“啊呀，你真傻！我要是买一只缸，又何必同你论斤！”

盐商气呼呼地要拖郑板桥去评理，郑板桥满不在乎地说：

“我跟你走，打官司到金銮殿上我也不怕!”

这时，庙里的和尚出来了，听了原委，都说盐商不对，当初谈的论斤卖，并没有说得全买下；既然谈不成，缸还可以抬回去嘛。

盐商碰了一鼻子灰，只好叫家人把缸抬走，可这两个人连一点劲儿也没有了。和尚又打圆场，劝盐商论只卖了算了。盐商此时无计可施，只好按顶债的价钱，2 两银子卖给郑板桥。郑板桥又让他们抬回到妇人家里。盐商一看，又羞又气，白白折腾了一天，费了千劲百力，一点儿好处也没落着。

审石头

“聪明难,糊涂难,由聪明转入糊涂更难。放一着,退一步,当下心安,非图后来福报也!”

上面的文字是有“扬州八怪”之称郑板桥在做潍县县令时所写，是著名的“难得糊涂”的全文。说起这个郑板桥，人怪，做事更怪。郑板桥在潍县为官时廉政为民，一身正气，在他初到潍县时，恰逢当地连年灾荒，他冒着丢官的危险私自开仓放粮、赈济灾民，当地人民感怀其恩德，对他极为敬仰，在民间留下了许多有关他的传说轶事。

传说郑板桥在潍县任县太爷时，衙门前的大街上，常年有一对老夫妻靠卖粥为生。有一天，郑板桥出衙门办事，他的轿子在路过到这条大街时候，看到这对卖粥的老夫妻正坐在地下抱头痛哭，旁边盛粥的大缸被打成碎片，粥洒了一地，周围围

着一些人指指点点的。郑板桥感到肯定事出有因，心想自己作为当地的父母官，可不能不管，于是，他便让抬轿人停下，走到这对老夫妻的前面和颜悦色地问到：“老人家为何在这里啼哭，你们卖粥的缸为什么破了呢？有什么困难的事情可以对我说，我给你们做主。”因为郑板桥在潍县做官时，经常在外体察民情，为官又清正廉洁，哪个老百姓不认识他啊，所以这对老夫妻抬头一看便认了出来，“哎呀，原来是县太爷驾到，父母官来了”，于是，便急忙叩头口称冤枉，要郑板桥为他们做主，并对郑板桥讲述了他们的遭遇：原来，在这条街上经常有一群泼皮混混到处胡闹，今天，他们在傍边的餐馆吃饭时，不知道什么原因又打闹了起来，更是无缘无故的将这对老夫妻赖以生存的粥缸打破了，因为老夫妻俩惹不起这群混混们，只好无助地在这里伤心落泪。

郑板桥听说以后，马上派人将那几个泼皮混混找来，与老夫妻对质，但那几个泼皮混混哪里肯承认，其中一个还说：“粥缸是被旁边的那块大石头打破的，与我们无关啊”。郑板桥又问旁边围观的人众，到底有没有人看到事情的经过，但大家都不吭声，谁也不愿意出面指证。郑板桥稍一沉吟，低头一看果然有旁边有一块大青石，他眼珠一转，命令手下人：“来呀，给我把这块大青石头绑了，押上公堂，我要亲自审问它”。旁边看热闹的人与那几个混混都感到很奇怪，他们虽然也知道县太爷平时断案如神，但也不相信一块石头会招供，于是便哄哄嚷嚷的跟到县衙们，看看县太爷到底怎样审这块不会说话的石头。

却说郑板桥坐到大堂上以后，把惊堂木往公案上一拍，怒目横眉高叫一声：“来人，将衙门的大门给我关上，老爷我要审个明白，看看打碎粥缸的到底是石头还是人，大家在这里作证，今天如果审不清楚谁也不用走了。”他说完后，大家都面面相觑，暗自叫苦，心想这次可上了当了。郑板桥再也不管众人，开始审他的石头，一会儿要石头招供，一会儿又要用刑，板子打的噼啪乱响，还真象那么回事，折腾了半天，可是，石头哪里会招供啊，但没有凶手，谁也走不了啊。眼看时间慢慢的流过，天也越来越晚了，众人心中都非常的焦躁，心想，看来再不指认出凶手是无法脱身了。这时，郑板桥说话了：“各位父老，我审了半天，石头也没有招供，看来凶手不是它了，大家再想一想到底是谁打碎了老人家粥缸啊。”众人早就憋不住啦，便齐声说知道凶手是谁。那几个泼皮混混一看，也不用别人指证，都纷纷跪地求饶了！

戏审衙役

相传郑板桥在山东潍县做县令时,经常微服私访。一次,他到民间一个多月没回县衙，所带的干粮吃完了，钱也花光了，身上只剩下 3 个熟鸡蛋。这天晚上，郑板桥和随从人员走到一处破庙住了下来。郑板桥整理一天所见所闻的公事，随从的两个衙役，一个在门外望风，另一个躺在神台上歇息。

天快亮时，郑板桥忽然听到“咕噜”响了一声，睁眼一看,原来是两只老鼠在偷鸡蛋。其中一只老鼠把一个鸡蛋紧紧抱住，骨碌一下滚下桌子，然后两条前腿把鸡蛋一搂，另一只老鼠咬住它的尾巴，就把鸡蛋拖到洞里去了。郑板桥看到了老鼠偷鸡蛋的全过程，他完全可以保住鸡蛋不被偷走，可他舍不得惊动这花钱买不来的妙景，就这样眼睁睁地看着 3 个鸡蛋全让老鼠拖走了。

天亮以后，他看见两个衙役一个在神台上打呼噜，一个在门外打盹儿。他忽然想要逗逗这两个衙役，于是,就“嗵嗵嗵”拍着供桌,向他们喊道：“快起来,老爷我要升堂议事了！”两个衙役不敢怠慢，急忙跑到供桌前站定。郑板桥煞有介事地问道：“方才是哪个在外面把门？”把门的衙役答道:：“是小人。”郑板桥一下子板起面孔，把桌子一拍，喝道：“大胆奴才,你可知罪？”那衙役一下呆了，扑通跪下，说：“小的不知犯何罪。”“你做了坏事还装糊涂！”郑板桥手指桌子问道：“这上面的鸡蛋哪里去了,分明是你夜间饥饿难忍,偷偷拿去吃了。还不从实招来！”

那衙役听是鸡蛋丢了，连忙叩头说：“启禀老爷，小的真的没有偷吃那 3 个鸡蛋呀！”郑板桥装出愤怒的样子，对另一个衙役说：“给我狠狠地打他 20 大板，看他招也不招！”话音刚落，没等板子打来，那个衙役就连声喊道：“小的愿招,小的愿招！”接着就把自己如何偷鸡蛋吃到肚里的详细过程说得有鼻子有眼，像真有这事一样。说完后还连连磕头：“求老爷恩典,宽恕小的这一回！”

郑板桥愣住了，半天说不出话来，后来他长长叹了一口气，站起身来在庙里踱步，边走边自言自语地口吟小诗一首：“潍县这八年,错断多少案！要做真青天,回家去种田。”念完诗，对两个衙役说：“我本来是想逗你们玩的，那鸡蛋是老鼠偷去的，没想到你却招了。这分明是怕那 20 大板。由此可见，这些年我不知错打多少板子，断错多少案呢！我这官要再做下去，还要做出更多伤天害理之事。不如趁早散伙，你我都回家去吧！”据说，郑板桥就是从这以后，辞去了县令，并且发誓一生一世不再做官。

于成龙路遇病妇

于成龙，字北溟，别号子山，山西永宁州人。生于明万历四十四年，卒于清康熙二十三年四月，为清代名臣，

于成龙当县令的时候，一天来到邻县。他在城外散步，只见远处匆匆忙忙地走来一队人。两个健壮汉子用一块床板抬着一个病人，病人身上盖着厚厚的大被，黑色的头发从被子旁露了出来，头发上插着一支凤钗，病人侧身躺着。旁边又跟随着四个壮健的男人，不时用手去掖病人身上的被子，将脱落出的被子压于病人的身下，似怕风吹进去。只见那抬床板的两个壮汉累得气喘吁吁直冒汗，走一段路就将担架停至路边，又换两个人来抬，上肩好像很沉重，起步踉跄，于成龙见了很觉奇怪：只不过是一个生病的女人，怎么两个壮汉抬还如此不堪重负？难道其中有隐情不成？便派士兵前去询问。

一会，士兵回来禀报说：“床板上躺着的是他们其中一人的妹妹，病得很重。送她往婆家去。”于成龙思忖了一下，总觉可疑，便对士兵说：“你远远地跟着他们，看这些人进了哪个村庄。”

这个士兵遵命悄悄地跟踪于后，看见他们走到一个村屋，门口有两个男人接应，一声不吭急匆匆地帮助将担架抬了进去。一个汉子鬼鬼祟祟的四下瞧瞧，立即将门关上。士兵立即返回报告。于成龙点点头，来到该县县衙。

于成龙找到该县县令问：“贵县昨晚有没有发生盗案?”

县令有些支吾，回答说没有。于成龙心中有数。知他是生怕人家说他“治安无方”，故忌讳说发生盗案，于是不再追问。回到下榻处，于成龙叮嘱所带兵士化装成百姓，外出仔细查访，果然有家富户被抢。于成龙立即将那家当家人找来问被抢的情况，可有丢失什么东西，可是富户却面露难色。于成龙道：“我已替你把强盗捉住了，你不必有何顾虑。”富人听了，才跪下来叩头，说：“不是小人不说，是县老爷不让说。”

于成龙当即连夜去见邻县县令，派能干的差役四更时分离开县城，径直到那个村屋，捉住了 8 个人。稍微一审，他们就认罪了。

邻县的县令佩服得五体投地，问于成龙怎么能够知道他们是强盗，于成龙答道：“哪有年轻妇女躺在床上，肯让别人把手伸进被子里的？而且，担子要换人轮流抬，表明担子很重，

两边有人用手保护，可知里面有东西。再说，要是病得很重的妇女来了必定有妇女在门口迎接，而那里只有男人，而且连一句话都不问。从这些可确切地判断，那帮人非正道之人，非贼必盗也。”

引蛇出洞

江苏高邮县城中有一个富贵人家的女儿要出嫁，富户在当地颇有声望，而且女儿一直是家里的掌上明珠，于是给她备了丰盛的嫁妆，准备办一场风风光光的婚礼。看见的邻居都说准备的嫁妆足足有有18扛18挑，880件，可以排成十几里的长队，只待男家的花轿一到，就送女儿风光出嫁了。

可是天有不测风云，没想到，第三天半夜，来了几个盗贼，越墙而入，把嫁妆细软席卷而去。顿时县城里锣鼓乱鸣，人心惶惶，新娘子哭得死去活来。富户也着急得不得了，连忙派人到官府报案。

县令急的冷汗直冒，这种盗贼最难抓了。可是耽误了富户嫁女，自己声望又受损，问了问堂下官员。竟没有人能想出破案妙计。正在此时，巡抚大人于成龙来到高邮县城，县官小心翼翼地向他报告了此案。

于成龙一向以足智多谋著称，他想了想，给县令出了个主意。县令听了，连声说好。

当夜，县令命令把全城所有出入通道都关闭，只留一个城门允许行人出入，派几名兵士在门口检查行人，同时又在城墙街口贴出布告，要求全城居民都在家中等着，官府要挨家挨户搜查。然后，于成龙又找来两位精干的差役，守候在城门口，见到有人进出来回两次以上者，马上抓起来。

下午，差役抓来两个人。这两个人已经连续两次出入城门。可是这但两人都是两手空空，也没带什么行李，只是长得肥胖些，腰粗膀圆，可是身上除了衣服，没什么东西。

于成龙指了指这两人，对县令说："此二人定时昨夜的盗贼。"县令欣然领会，惊堂木一拍，喝道："你二人可知罪？"两个盗贼跪在地上连喊"冤枉"。

于成龙喝令左右卫兵把两人外衣脱下，只见里面厚厚的穿了好几件女人衣裙、红绿锦绸，正是失窃的嫁衣。两人这才叩头认罪。

原来，这两个盗贼听到城里要挨家挨户大搜查的消息，怕躲在城里要被搜出赃物，急于运出城外。但是东西多，又难以带出，他俩就把嫁衣穿在身上，装扮成胖子，可以分批转移，没想到中了于巡抚设下的引蛇出洞之计。

费县令断无头案

淄川县有个叫胡成的人，一日与熟人冯安喝酒。喝到半醉，胡成便吹牛："不要怕穷，告诉你，百把两银子很容易到手的。"冯安不信，因为他知道胡安家境也不好，胡成却一本正经地说："实话说吧，昨天半道上我碰到一个大商人，我把他杀了推到南山枯井里了。"冯安笑得气也喘不过来。胡成酒后兴奋，为证实所言不假，当即拿出妹夫托他置办田产的一百两银子，说："瞧，这就是那商人的钱。"冯安还是似信非信。

无巧不成书。第二天那口枯井果真发现一具无头尸。消息传开，冯安大惊，怕有干系，便告上官府，将昨夜胡成所言叙述了一番。

胡成酒醒对昨夜乱言毫无记忆，莫名其妙地被费县令派出的差役抓到衙门，当明白事由后，一个劲喊冤，并将真实情况相告。费县令只得暂时将胡成收审，并令不许将尸首从井里捞出，让尸体的主家来认尸。

第二天，有个妇女来认尸，自称是被害人的妻子，她对费县令说：“我丈夫姓何，带了一百两银子去经商，被胡成杀了。”

费县令说：“凶手已被抓获，可尸首没有头，你暂且回去，等找到死者的头，再通知你。”那妇女走后，费县令当即发出布告，告知这妇女所在乡的人们都要替她寻找大夫的头。刚过一天就有一个与她同村的名叫王五的人，回县里报告说头已找到。

费县令验证，果真是死者的头，就当堂赏给王五一千文铜钱。然后把那妇人传上询问道：“有孩子吗？”她答没有，又问她：“你丈夫还有什么亲属？”回答只有一个堂叔，费县令慨叹道：“年纪轻轻就守寡，孤苦伶仃怎么生活？现在凶手已定罪，案子已结，你是年轻妇人，找个合适的人改嫁吧。”

安慰一通后，命衙役传谕：“如果有人要取何氏为妻，须经本县批准。”这妇人刚下大堂，马上有人呈上报告，愿娶何氏。此人便是找到人头的王五。

费县令又把那妇人叫到堂上问：“你知道谁是凶手吗？”

何氏答：“胡成。”

费县令厉声说：“不！是你和王五。”两人吓坏了，竭力辩解。费县令对那女人说：”尸体还没从井里捞上，你怎么知道是你丈夫？这说明你早就知他已死，你丈夫死时穿着破烂，家中很穷，哪有一百两银子？”转身又对王五道：“你献上人头，是为了早点娶她。”

两人听了面如土色，只得如实招供：王五与何氏早有不正当关系，他们合谋害死何氏丈夫时，正巧听见胡成对冯安开杀人夺银的玩笑。真相大白，费县令下令释放胡成。

费县令图案依据

山东淄川县费县令接到一桩案子：有个商人在外出途中遇害，他的妻子上吊自尽。费县令速赶现场察看，发现商人腰间钱袋内装有不少银子，并没被人动过，他断定此案不是图财害命。费县令先把商人的左右邻居找来调查，可人们都说商人忠厚善良，并无仇人。几天下来毫无线索。

过了半年，此案仍没破。一日，有几个人违法被捉到衙门。审问之时，费县令眼睛忽的一亮，盯住了一个叫周成的汉子身上挂的钱袋。周成莫名其妙，以为县太爷要搜他的钱袋，便解下呈上。

费县令看了看问他："你家住哪儿？"

周成答："周村。"

费县令又问："去年被杀的那个商人是你何人？"

周成闻言脸色骤变，可嘴上回答不认识。

费县令大怒道：“你杀了人还说不认识吗？来人，大刑伺候！”

周成闻之魂飞魄散，跪下求饶，果然招供。

原来，商人的妻子十分贪图虚荣，一次准备串亲戚，向别人借了首饰妆扮得富贵显赫，从亲戚家回来时将首饰装入布钱袋，不巧失落。她赔不起，又不敢告诉丈夫，急得要死。这天，周成正好捡到这布袋，一瞧上面的字样，便知是商人老婆丢的，心中大喜。他早就对此女子的姿色垂涎，想以此要挟她就范。晚上，他探得商人外出不归，便翻墙越进商人家。天很热，商人的妻子睡在院里，他过去便加以调戏，女子惊恐大叫。周成赶紧捂住她的嘴，出示捡到的钱袋和首饰。商人的妻子顿时不敢吭声，只得任周成轻薄。事后女子关照就此一次，下不为例。周成不甘，事后多次想前往，偏偏商人长久不外出，无计可施，一怒之下，将商人骗出杀害。商人妻子闻讯痛哭，觉得有愧便自尽了。

费县令查清案情，将周成判处死刑。人们不明白费县令根据什么吃准周成是凶犯。

费县令笑道：“事情很简单，我只是处处留心罢了，当初检验尸体时，发现商人装钱的布袋上绣着一个万字图案，而周成的钱袋也绣着同样图案。我辨认后发觉此图案出自一人之手。等我询问他时，他搪塞应付，神态不正常，这是我断案的依据。”

美女坟

休宁县的商人张发旺，自14岁起就随父在外经商，长年走南闯北，多年下来，张氏父子赚了不少钱，家道比较殷实。在张发旺20岁那年，由父母作主，与邻地黟县富绅王有财的女儿王翠儿订了婚，当时男女在成亲之前是不得见面的，至于对方长得如何，全凭媒婆一张嘴。当年的腊月初八，是张发旺与王翠儿大喜的日子。新郎新娘拜过天地之后，人们将新娘送入了洞房，新郎自然还要在外面招呼客人。

休宁县令吴少敬家的少爷吴国才，当时刚从外面吃酒回来，正好路过张发旺的家门口。这吴国才从小娇生惯养，不思苦读，长大后又和一帮地痞流氓混在一起，平日里为非作歹，可以说是无恶不作。他在经过张发旺家门口的时候，看见张家张灯结彩，喜气洋洋，正在办喜事，就有了想进去瞧瞧热闹的想法。

在这休宁，还没有什么他不敢的。他从后门偷偷溜入新房，只见新房内烛火摇动，只有新娘一人盖着红盖头，静静地坐在床头。吴国才心想，不知这新娘长得丑还是俊，他轻轻地走上前去，就势掀起了新娘的红盖头。这红盖头一般是只有新郎才能掀的，这王翠儿心里正想着新郎长得何许模样呢，没想到这新郎就来了。王翠儿抬起头，只见来人眉清目秀，风度翩翩，心下甚是欢喜，就对吴国才嫣然一笑。却说这吴国才掀起红盖头时，看见新娘妩媚清纯，眉目含情，真是赛过天仙一般。吴国才看得呆了，又恰好王翠儿对他一笑，这无赖就来了胆量，借着酒劲，他抱起新娘就向床上推去。

这时猛听得脚步声响，只见新郎张发旺酒气熏天摇摇晃晃地一边往里走，一边叫着："娘子，娘子，我来了！"吴国才大吃一惊，爬起来穿衣。张发旺进得房内，见一人正在自己的婚床上，当下气炸了肺，举拳便打。吴国才被张发旺紧紧揪住，如何能走得脱！这无赖被逼得急了，掏出匕首就向张发旺当胸刺去。可怜张发旺来不及闪避，当下被刺中心脏，就地倒下，不一会儿就死了。那王翠儿见冒出了两个新郎，早吓得不知所措，又见一人被刺，当下吓得晕了过去，吴国才赶紧从后门溜了。

说来也是凑巧，这张家隔壁有个浪子叫王生，平时喜欢干些小偷小摸之事。当夜他在张家前院混吃了一顿酒宴，在酒宴上听人说新娘的嫁妆非常丰厚；光金银首饰就有20多种，就想何不到后院去碰碰运气，要是能盗得一两件，一年的酒钱就有了着落了。趁人不注意，他偷偷来到新房内，只见新房内一片漆黑，刚进门还未来得及偷到东西，脚下就被什么绊了一下，摔了一跤。王生就用手去摸，却摸到一具尸体，还有黏糊糊的血，当下三魂吓掉两魂半，赶紧爬起来溜了。回来后王生惊魂未定，心想这霉是倒大了。低头时看见自己刚买的一双新鞋沾满了血迹，心想此物不宜久留，当下也不再心疼，拿起来扔到街口的深井中去了。

那恶少吴国才当夜回家后，心想这次娄子捅大了，肯定是瞒不住，就把发生的情况对县令父亲说了。自己就这么一个儿子，无论如何也不能斩了啊！

吴少敬升堂后接了张发旺之父的状子，命捕头仵作前去张家验尸查探。也该这王生倒霉，第二天早晨，一位老奶奶在井中打水时，只见桶中吊上来一只鞋，而且沾满了血渍；联想到张家的血案，也许与这鞋有关，老奶奶就把这只鞋送到了张家。县令吴少敬找人来辨认一番，发现居然是王生的鞋，命令速将凶犯王生捉拿归案

众差役如狼似虎，不一会儿就将王生揪了过来，吴少敬喝道：“罪民王生，速将杀死张发旺一案从速招来！”这无中生有之事王生哪里肯招，当下打板子上夹棍，被折磨得奄奄一息。王生心想；与其这样被活活打死，不如就招了吧，免得皮

肉受苦，于是就画了押。吴少敬也不叫王翠儿来当面核实，只命差役到张家叫她写了一份证词，证明王生就是凶犯，那王翠儿哪里还分得清东南西北，当即就写了。吴少敬立即将王生打入死牢，数日后州府批文到了，三日后准备开刀问斩。

王生开斩那天，城中男女老少都来观看，吴少敬亲自监斩。那王翠儿听说自己的杀夫仇人就要斩首，心里稍觉宽慰，披了一件头巾，来到法场，躲在人群中观看仇人如何伏法。待看到要斩之人时，不禁吃了一惊，心想那夜哪里是此人！就大着胆子大喊："刀下留人！"差役将她推到吴少敬面前，王翠儿道："大人，那夜行凶者不是此人，那人是一位美少年，而此人已届中年，长得五大三粗，满脸络腮胡须，大人弄错了！"

吴少敬大怒道："王生自己都招供了，还会有假！到如今你还为他辩护，显然你们是合谋；念你刚刚丧夫，不予追究；来人哪，乱棍打走！"只听三声炮响，可怜王生早已身首异处。

那王翠儿回家后，将怀疑被斩之人的事说与公婆听，没想到招来他们一顿臭骂。可怜那王翠儿在家自幼也是娇生惯养，新婚之夜不明遭辱，此时又受公婆臭骂，哪里受得此等冤屈，留下一封血书，当夜就悬梁自尽了。

王翠儿含冤自杀后，族人以其败家为由，不准葬入张族坟地，只将她草草葬在一块野地里。因王翠儿长得貌美，她的坟便被当地人称为"美女坟"。

却说王翠儿父母闻听女儿在婆家的一系列遭遇后，只恨天地不公。想到一个如花似玉的女儿，只几天的工夫，怎会遇此突变？恰好张家派人送来了王翠儿的血书，血书上书写了事情的经过，还说明了仇人的特征。：王翠儿父母整日里拿着血书，到处申冤，只是无人受理。

第二年春天，恰逢本省巡抚大人周逢春来休宁例行巡视春耕。那王翠儿父母闻此消息，只当是盼着救星一般，当下不顾年老体弱，启程休宁，早早在官道旁守候着。不几日，周逢春就带着他们到了县衙。

周巡抚看到那封血书，只见那血书上除写着凶犯是一个美少年外，还有一个明显的特征，就是左胸上有一个铜钱大小的黑痣。周巡抚心里蓦然一亮，在与随从商量后道，何不如此如此。

第二天，周巡抚命在城中四门贴出通缉令，通缉一个胸口有铜钱大小黑痣的凶犯。他暗地却派了十多名随从，分别在城中所有药铺守候。

却说那恶少吴国才，听说巡抚大人正全城搜捕胸口长黑痣的男人，心下大为吃惊，当下狠了狠心，拿出一把快刀，对准左胸的痣连皮带肉削除一块。又忍着痛来到县衙附近的仁德堂，准备买几两金创药。吴国才抚着胸，刚叫掌柜拿药，就被巡抚大人安排的差役逮个正着，也不容争辩，当即逮到大堂。

吴国才一到大堂，巡抚大人就命人立即撕开其上衣，果见其胸口有一块新伤。周巡抚喝道：“来者何人？速将奸污王翠儿杀害张发旺一事从实招来！”，吴国才还想抵赖：“小人冤枉！”“那你为何剜除胸口皮肉？分明是你做贼心虚！”县令吴少敬在一旁轻声叫着：“大人，大人！”周巡抚只当是没听见，喝道：“来呀，大刑侍候！”那吴国才早已吓得屁滚尿流，只得将那晚之事一一如实交代。巡抚又问道：“那你将凶器藏于何处？”“埋在县衙后院的梧桐树下。”巡抚大人命人去挖，果然挖出一把匕首。

周巡抚见罪证确凿，当下宣判道：“将吴国才打入死牢，择日凌迟处死，吴少敬草菅人命，革除县令之职。流放 300 里，那王生一家，发抚恤白银 30 两；民女王翠儿本系冤死，准其坟墓迁入张族坟地。”周巡抚宣判后，听者无不拍手称快。